U0920146

丛书编委会

莫尔

周晓亮 著

大家精要

More

陕西师范大学出版总社

图书代号 SK16N1013

图书在版编目(CIP)数据

莫尔 / 周晓亮著. —西安：陕西师范大学出版总社有限公司，2017.1（2024.1重印）
（大家精要）
ISBN 978-7-5613-8851-8

Ⅰ.①莫… Ⅱ.①周… Ⅲ.①莫尔（More, Thomas 1478—1535）— 传记 Ⅳ.①K835.615.1

中国版本图书馆CIP数据核字（2016）第324737号

莫　尔　MO'ER

周晓亮　著

责任编辑　宋媛媛
责任校对　彭　燕
特约编辑　宋亚杰
封面设计　张潇伊
出版发行　陕西师范大学出版总社
（西安市长安南路199号　邮编 710062）
网　　址　http://www.snupg.com
印　　制　永清县晔盛亚胶印有限公司
开　　本　650 mm × 930 mm　1/16
印　　张　10
字　　数　100千
版　　次　2017年1月第1版
印　　次　2024年1月第2次印刷
书　　号　ISBN 978-7-5613-8851-8
定　　价　45.00元

目　录

引　言

托马斯·莫尔（Thomas More，1478~1535）是西欧文艺复兴时期英国著名的人文主义思想家和政治活动家。

作为政治活动家，莫尔的命运堪称悲剧：他曾任英国大法官，掌管国玺，是英王手下的第一要人，最终因拒绝承认英王是英国基督教会的最高首领而被处死。后来的许多传记作家和历史学家无不为他的死而唏嘘不已，甚至将他与古代的圣哲苏格拉底相提并论：苏格拉底为了他的政治信仰慷慨赴死，莫尔为了他的基督教良心从容就义，天主教会也授予他“圣徒”的称号。

不过，这只是莫尔之所以成为重要历史人物的一个方面，或者说只是与历史事实有关的不十分重要的方面，而真正使莫尔在西方思想史上流芳百世的却是他的一部不朽名著《乌托邦》。这部著作以其对社会现实的深刻洞察和卓越设想，成为空想社会主义理论的奠基之作，为后来社会主义理论的发展提供了借鉴。

任何伟大思想家都是时代之子，他所处的时代造就了他的思想、行为和品格。在这方面，莫尔也不例外。

莫尔生活的时代史称“文艺复兴”时期。这个时期大致从14世纪初开始，至16世纪中叶结束，以所谓的“文艺复兴”运动而得名。“文艺复兴”是当时西欧出现的一场以“复兴古代文化”为旗号的思想文化运动。这里的“古代文化”主要是指古代希腊和罗马的文化成果。这些成果之所以需要“复兴”，是因为在西欧漫长的中世纪黑暗中，由于基督教会的分裂和罗马天主教会的思想禁锢，古代文化的继承和传播受到压制，致使其大部分成果不为西方人所知。至14、15世纪，当大量佚失的古代文献被重新发现，就像一束阳光刺破了中世纪的黑暗，在西方人面前展现出一幅古代文明的灿烂画卷。于是，一场以“复兴”古代文化为特征的宏大运动应运而生。西方学者们纷纷投入古代文化的研究和介绍中去，他们喊出了“让死去的东西复活”的口号。这些从事古代文化研究的学者被称作“人文主义者”，莫尔就是这些人文主义者中的重要一员。

在西方文明的发展史上，“文艺复兴”时期上承中世纪晚期，下启近代的启蒙运动，是西欧社会从封建主义向资本主义转变的过渡时期。在这一时期，资本主义的生产方式逐渐在封建社会的内部孕育、萌芽和成长，新兴资产阶级的力量也随之形成、发展和壮大起来。在此过程中出现的人文主义者，正是新兴资产阶级思想的代言人，他们打着“复兴”古代文化的旗号，扮演着为即将诞生的资本主义制度唱赞歌、造舆论的角色。他们要求实现古代文化的理想，认为这个理想就是关注和尊重人性和人的价值。他们的直接目的就是要反对中世纪教会和宗教神学对人性的漠视、压制和摧残，反对腐朽、专制的封建制度，将具有资产阶级个性和世俗精神的人变成一切社会关注和社会活动的中心。

当然，这一体现早期资产阶级要求的思想文化运动不只限于人文主义这一个方面，而是扩展和形成一个普遍的社会文化潮流，在科学、艺术、政治理念、宗教神学等方面都有充分的表现。在“文艺复兴”晚期甚至出现了更大规模的“宗教改革运动”，它以社会革命的方式沉重打击了作为封建社会精神支柱的天主教会和封建势力，为后来的资产阶级革命做了准备。

这是一个孕育着伟大变革的时代，是一个进步思想层出不穷的时代，也是一个需要巨人而且产生出巨人的时代。莫尔就是这个时代造就的一位伟大思想家，他的不朽贡献在于：正当新兴资产阶级同没落的封建势力进行各种形式的斗争，资本主义的生产方式初露端倪的时候，他就深刻洞察到这一社会变革所蕴含的深远意义，在《乌托邦》中第一次表达了现代无产阶级先驱者的心声和要求，设计出未来理想社会的蓝图。当然，莫尔本人不是社会下层的劳动者，而是统治阶级中的一员，或者更准确地说，他只是统治阶级中具有基本民主思想和社会同情心的知识精英，他的思想仍然受到他所生活的时代和他本身地位的局限，这使得他对未来社会的设想尽管不乏卓越之见，却仍然只是空想。

而且，如果我们更全面地观察和了解莫尔的思想和生活就会发现，他实际上是一个远比仅仅作为《乌托邦》的作者更为复杂的人物。对于这种复杂性，我们可以从当时的社会生活环境中找到答案：莫尔的一生就像一面镜子，反映了当时英国的现实。正因为如此，尽管《乌托邦》一书是莫尔思想的最重要表现，我们将不满足于仅仅介绍和评价这本书，而是试图比较详细地描绘莫尔一生的生活轨迹，为读者了解这位遐迩闻名的思想家提供一个更全面、更真实的画面。而且，我们相信，对于喜欢把《乌托邦》当作文艺幻想小说来消遣的读者来说，一旦他们真切了解到莫尔的悲剧人生，一定会对这本书另有别样的思绪。

第 1 章

青少年时期与家庭生活

一、“他将是一个非常了不起的人”

1478 年 2 月 7 日凌晨，莫尔出生在伦敦一个殷实的市民家庭里。莫尔后来在他的《墓志铭》里写道：他生于“虽然不是显贵，但却是正派的”家庭。

莫尔的祖父约翰·莫尔（John More）曾任林肯法学院的管事和账目管理员，出入于学院的领导层，后来因忠于职守受到嘉奖。他还当过学院的讲师，在学问上也并非一无所成。莫尔的父亲与祖父同名，也叫约翰·莫尔。他步老约翰·莫尔的后尘，也当了该学院的管事。不过，他大器晚成，66 岁时成为高等民事法院的法官，72 岁时成为英国高等法院的法官，还获得了爵士的头衔。在莫尔的笔下，他的父亲是一个“礼貌、和蔼、真诚、文雅、仁慈、公正、廉洁”的人，这些品德后来均为莫尔所继承。莫尔父系的经历使他从小就生活在一个法律氛围浓厚的环境中，这影响了他后来的职业生涯。莫尔的母亲阿格尼丝（Agnes）出身于官吏家庭，其父曾任伦敦市的行政长官。莫尔的父母生有三男三女，莫尔在长女琼（Joan）之后排行第二。莫尔的母亲早逝，而后其父三次再婚。莫尔对继母十分尊重，堪称典范，尤其对最后一位继母更是赞赏有加，称他从来没有见过这样好的女人。

莫尔在伦敦的圣·安东尼（St. Antony）学校接受早期教育。这所学校已有二百五十年的历史，因师资出众、培养出几位大人物而负有盛名，亨利六世和爱德华四世国王也曾为其捐款。这所学校的最大特点是注重拉丁语教育，拉丁语贯穿在教学过程的始终：教师用拉丁语授课，学生必须用拉丁语来回答问题、进行讨论和撰写文章。拉丁语原为古罗马人所用，后随着罗马人的扩张而传播到西欧各地，在中世纪是西欧各国政治和学术交流的通用语言。莫尔学习成绩出色，熟练掌握了拉丁语，这为他后来从事学术著述和处理国际政务提供了便利。他的许多著作都是用拉丁文写的，包括那本著名的《乌托邦》。

莫尔约12岁时离开圣·安东尼学校。随后其父把他送到英国大法官、坎特伯雷大主教约翰·莫顿（John Morton）家中当侍从。把年轻的儿子送到有身份、有地位的人家里当侍从，是中世纪教育的一种遗风，有时也被称作“骑士教育”。中世纪的封建主为了使自己年幼的儿子能胜任将来的职责，常把他们送到大封建主家里当侍从，学习上层社会的生活经验，养成良好的行为举止。至15、16世纪，这种风气在欧洲许多国家已不时兴，而在英国仍然流行。于是有人评论说，这充分表明英国人对子女缺乏爱心，并批评用人者是为了得到廉价的仆人。但客观来看，这种教育方式也有它的优点，那就是它为儿童提供了一个尽早独立生活、接触社会的舞台。

莫尔当侍从的经历显然使他获益匪浅，这首先表现在主人莫顿对他的影响。在莫尔眼中，莫顿几乎是完美政治家的典型，这可以从他后来在《乌托邦》一书中对莫顿的高度评价看出来。在莫尔笔下，莫顿不但是一位德高望重、待人宽厚的长者，而且是一位深谋远虑、博识强记，经历过种种世运沉浮，处理过各类重大政务，具有高超治国理政能力的栋梁之材。尽管莫尔对莫顿的赞扬难免带有对主人尊崇的成分，但也不妨把它看作莫尔对自己后来从政所追求的一个理想。此外，莫顿家中的来客大多是宫廷中的达官贵人和文人学者，通过观察他们的言谈举止，莫尔获得了许多宫廷和社会生活方面的知识，养成了彬彬有礼、不卑不亢、机智幽默的处世风格，他的这一风格得到后来许多传记作家的交口称赞。莫尔天资聪颖、机敏伶俐，据说在莫顿家举行的圣诞剧演出中，他不但在表演上惟妙惟肖，而且能与观众对答如流、妙语连珠、谐趣横生，博得大家喝彩。莫顿对这个机灵而又沉稳的孩子也喜爱有加，不但对他的生活予以关照，而且对他的未来也寄予厚望。在一次招待贵宾的宴席上，莫顿指着莫尔对客人们说："只要我们能活到那一天，我们就会看到，这个在桌边服侍的孩子将是一个非常了不起的人。"

二、从牛津学子到"外席律师"

为了使莫尔能获得更多的知识，以利于他将来的发展，在莫顿的建议和安排下，莫尔在14岁时被送到牛津大学的坎特伯雷学院学习。牛津大学创立于1168年，是欧洲最古老的大学之一。同欧洲其他许多大学一样，牛津大学最初是由教会的修道院发展而来的，它的许多学生都是来自各个修会的修士。莫尔所在的坎特伯雷学院就是由本尼迪克特修士兴办的。牛津大学很早就成为欧洲思想的一个中心，在文艺复兴思潮的推动下，它在古希腊罗马文化研究方面走在欧洲前列。莫尔入校时，那里的希腊语氛围十分浓厚。当时著名的希腊语学者威廉·格罗辛（William Grocyn）、托马斯·利纳克尔（Thomas Linacre）和约翰·科利特（John Colet）都在牛津大学任教。他们不但讲授希腊语和古希腊文化，而且主张对旧的教育制度进行改革，后来被称为“牛津改革派”。莫尔与这些人交往甚密，受到他们人文主义思想的熏陶。虽然没有证据表明莫尔在牛津的短时期内已经熟练掌握了希腊文，但可以肯定他那时已经接受了一定的严格训练，为后来继续深造和从事希腊文化研究打下了基础。

关于莫尔在牛津的学习情况，几乎没有留下任何记载。不过，作为牛津学生基础课程的文法、修辞、道德学和神学是莫尔必须要学的。多年以后，莫尔在给牛津大学的一封信中说，他的学业就是从牛津大学开始的。牛津大学对学生的生活管理十分严格。据记载，学生每天的日程安排大致如下：早晨五点至六点做礼拜；六点至十点学习；然后是午餐，午餐后学习至下午五点；接着是晚餐，晚餐后再学习到九点或十点。学生的生活也很艰苦，比如在冬季，由于无炉火取暖，学生们在晚上不得不外出跑步，待身体暖和起来后再上床入睡。还有一件事在现代人看来也是匪夷所思：学校给穷苦学生颁发印有校长大印的执照，允许他们沿街乞讨。这个传统实际上在整个中世纪都不罕见。如前所说，那时的大学与修会有密切联系，许多学生就是修会的修士。按照一些修会（比如有重要影响的方济各会和多明我会）的规定，修士要过一种靠乞讨为生的艰苦生活，以保持精神的圣洁。所以，牛津大学允许学生乞讨就不奇怪了。莫尔的家境当然不属于穷苦学生之列，但他的父亲对他要求非常严格，决不允许他养成骄奢之气，以致莫尔甚至无钱修理他的鞋子。对于生活中的困难，莫尔也坚持自己克服，很少向父亲求助。后来，莫尔讲到父亲对自己在生活上的严格要求，认为这对于子女教育是十分正确的，他说这就是为什么他从小就不知道什么是奢侈和浪费，也不会将钱用于不当的地方，因为他根本就无闲钱可用，除了学习之外他什么也不想。

莫尔的父亲并不希望儿子研究学问，而是希望他从事能够飞黄腾达的律师职业。在莫尔入牛津学习不到两年时，父亲就将他带回伦敦，送入大法官法庭的法学院（亦称新法学院）学习英国法。这一学习是预备性的。由于莫尔成绩出色，1496 年 2 月，他刚满 18 岁时，就被英国有授予律师资格的四所法学院之一的林肯法学院录取，攻读律师专业。律师是一门实践性极强的职业，一个学生要成为一名合格的执业律师，至少要经过六年的学习。该学院为学生提供了良好的理论学习和实践条件。他们不但要系统学习法律条规和经典案例，还要亲临法院旁听诉讼审判，然后结合法律条文对案件进行讨论分析，以获得实际的从业技能。莫尔学习刻苦，成绩优异，1502 年，他获得了外席律师的资格。所谓外席律师是相对于初级的内席律师而言的，是由内席律师晋升而来。当法学院的学生获得了外席律师的资格，也就成为律师协会的正式成员，可以在除王室法庭之外的正规法庭上进行诉辩。如果他要获得在王室法庭诉辩的资格，一般还需要若干年的实践历练。学生获得外席律师资格后，就可以在法学院担任更高一级的讲师职务。莫尔获得外席律师资格后不久，就被委派到弗尼瓦尔法学院（Furnivall's Inn）任讲师，在这个位置上干了三年多。1510 年和 1515 年，他还被他的母校林肯法学院遴选为讲授学期课程的讲师。

正当莫尔在法律之途上一帆风顺的时候，却有另一种情绪在他的心中萌生起来。那是一种对宗教修行生活的渴望。这种渴望也许是由某种宗教热情激发起来的，也许是受到他的朋友的影响，因为他的许多朋友，包括前面说到的格罗辛、利纳克尔和科利特等人，都是修会中人。不论怎样，从 1501 年至 1505 年的四年间，莫尔住在伦敦的加尔都西修道院，不但参加那里的礼拜和祈祷，而且还实行斋戒，枕着一段木头在毫无铺垫的桌子上睡觉，过着与修士们一样的禁欲和苦行生活。他甚至一度想成为方济各会的修士。尽管他最终没有立誓出家，但是苦行和修炼却成了他后来生活的一部分：他时常用鞭笞和绳索捆缚来折磨自己的肉体；他还贴身穿着修士表示虔诚的粗毛衣（一般用马毛织成），皮肤经常被粗硬的毛刺磨出斑斑血迹。莫尔的这种宗教情感构成了他人生结局的一个重要因素：他宁愿为了宗教信仰而不惜牺牲自己的肉体和生命。莫尔之所以没有最终下决心做一名修士，是因为他无法忍受没有婚姻的生活。在他看来，既然无法像修士那样严守戒律终身不娶，还不如做一个忠诚的好丈夫。尽管如此，他始终没有放弃做一名修士的理想。后来他不止一次地表示，要不是因为顾及自己的妻子儿女，他会重新回到修道院中去。

三、婚姻与家庭

成年的莫尔仪表堂堂：他身材中等，四肢匀称，皮肤细腻，面色微红，髭须稀疏，头发是黑褐色的，目光敏锐有神。虽然他向往修士的生活，但他并不是一个不谙风情的禁欲主义者，对姣好的女性也会怦然心动。在婚姻上，他追求夫妻二人心灵上的相通，而不仅仅是肉体上的快乐，更不会做越俗背礼之事。

1504 年，莫尔结婚了。妻子是埃塞克斯的一位绅士约翰·科尔特的长女简·科尔特（Jane Colt）。老科尔特有三个女儿，莫尔常去科尔特家中做客，本来他喜爱的是二女儿，但考虑到如果同二女儿结婚，大女儿一定会感到失落和悲伤，于是，他决定娶大女儿。婚后，莫尔在伦敦巴克莱斯伯里（Bucklersbury）的一幢房子里安置了新居，十多年后，搬到了泰晤士河畔的切尔西（Chelsea）。

简比莫尔年轻近十岁，几年之中，接连为莫尔生了四个孩子，三女一男。长女玛格丽特（Margaret），二女伊丽莎白（Elizabeth），三女塞西莉（Cecily），最小的儿子约翰（John）。其中长女玛格丽特最有才气，后来成为很有造诣的古典文化研究者。在莫尔生命的最后日子里，玛格丽特是与莫尔接触最多的亲人。她的丈夫威廉·罗珀（William Roper）也出身于法律世家，莫尔死后，罗珀写了《托马斯·莫尔爵士的生平》（*The*

Life of Sir Thomas More）一书。他在该书的第一页就说："我知道，现在没有任何在世的人能像我本人那样充分了解他（莫尔）和他的行为，因为我与他共同生活了十六年之多。"于是，在后来关于莫尔生平的一切著作中，罗珀的这本书几乎成为最可靠的材料来源，尽管经过考证，其中也有一些不准确之处。

莫尔把家庭看成是社会的基础，认为一个良好的社会必定以良好的家庭为支撑。而良好的家庭关系完全取决于夫妻二人的和睦相处以及对家庭所承担的责任。他对家庭和夫妻关系的这种看法，在他与妻子的相处中得到了实践。

简自幼在农村长大，孤陋寡闻，几乎没有受过什么教育。婚后，简离开广袤的原野和熟悉的农居，随莫尔来到喧闹而拥挤的都市，感到一切都与她原来的生活格格不入，情绪十分低落。莫尔意识到，要使他们的婚姻生活和谐美满，就必须首先改变简的生活方式。于是，莫尔试图从各个方面培养简高雅的兴趣，教她读书和学习音乐，要她复述在教堂里所听到的神父布道，等等。而事与愿违，简无法接受莫尔的指教，往往以哭闹来对抗，甚至想一死了之。莫尔无计可施，只好找到岳父倾诉苦衷。岳父建议他行使做丈夫的权利，给简一顿暴打，迫使她就范。莫尔则希望他的岳父能拿出做父亲的威严来劝说。岳父心领神会，将女儿唤至面前，假装震怒，迫使女儿匍匐在莫尔脚下认错。于是，两人相吻合好。后来，在莫尔的精心辅导下，简的学习大有长进，不但学会了拉丁文，而且行为举止也变得彬彬有礼、优雅得体。

1511 年夏，年仅 23 岁的简去世了，这无疑对莫尔是一个沉重打击。不过，简去世后不到一个月，莫尔就再婚了。莫尔匆忙结婚的原因，几乎完全是为了找一个女人照顾他的家庭和年幼的子女。新婚妻子名叫艾丽斯·米德尔顿（Alice Middleton），是一个伦敦布商的遗孀。她带来了一个女儿，后来与莫尔未再生子。艾丽斯徐娘半老，相貌粗俗，举止笨拙。莫尔的一位客人不愿意在莫尔家住，就是因为不想再看到艾丽斯那“恶妇般的鹰钩鼻子”。当然，也有人说，艾丽斯并不像想象的那样老态，而是思想时尚，很有风度。这后一个说法不无道理，因为艾丽斯曾为富商之妻，毕竟见过大世面。而且与简相比，艾丽斯的性格更坚强。莫尔则不无调侃地说：她“既不是一颗珍珠，也不是一个少女”。不过，毋庸置疑的是，作为一个家庭主妇，艾丽斯是完全胜任的，在她的精心调理和安排下，莫尔的家庭生活和睦而温馨，一切都井井有条。当然，也许出于感激，也许出于对妻子的尊重，莫尔在生活中没有把艾丽斯仅仅当作一个操持家务的主妇，而是认真培养对她的感情。据莫尔的传记作者尼古拉·哈珀斯菲尔德（Nicholas Harpsfield）说，莫尔对艾丽斯的爱是“全心全意的”。

如同对待简一样，莫尔也试图培养艾丽斯高雅的情趣。可是在艾丽斯身上，这个任务要困难得多。由于艾丽斯已不年轻，尽管莫尔费了很大的力气，艾丽斯的拉丁文仍毫无进步。不过，艾丽斯的音乐学习却大有长进。在莫尔的悉心指导下，艾丽斯学会了弹琴和演唱。莫尔每天回家，都要检查艾丽斯练习弹琴和演唱的情况，并加以指点和辅导。由于艾丽斯与简的天分和条件不同，莫尔同她们的交流方式也不同。莫尔可以同简讨论比较严肃的哲学问题，而与艾丽斯则往往是戏谑调笑无所不及，有时竟被艾丽斯偶尔冒出的绝句妙语逗得捧腹大笑。

莫尔也不时给艾丽斯传授一些当时流行的知识，比如，他向艾丽斯讲解为什么地球是万物的中心，为什么上帝创世时地球处于最低点，而万物由这个最低点向四周升腾。于是，尽管莫尔与艾丽斯的性格禀赋有天壤之别，却能相处得十分融洽和谐。如果两相对比，哪一个妻子更为莫尔所喜爱，莫尔承认难分优劣。他在《墓志铭》中写道："一位妻子曾非常幸福地与我生活在一起，另一位妻子也非常幸福地与我生活在一起，以致我不知道哪一位妻子对我更亲近……啊，如果命运和宗教允许的话，我们三人能共同生活在婚姻中，那该多好啊。而生活无法做到的事情，死亡将为我们做到。"他要求死后将他们三人合葬在一起。

作为家庭情况，还应该说说莫尔对待家中仆人和侍从的态度。莫尔不像当时许多贵族那样把仆人和侍从看成下等人，而是从人文主义尊重人性的基本理念出发，将他们看成是按照法律规定从事家庭服务的人，因此对家庭负责也包括对这些仆人和侍从负责。他在一封信中写道，如果这些人在家庭服务中病倒了，以致不能再从事他所做的工作，那也应当给他们以适当和良好的对待，没有任何理由将他们赶出家门，让他们在病困和孤独中经受折磨，"因为那是完全违反人道的"。

四、初涉政坛

果如莫尔的父亲所料，莫尔以其出色的法律素养，很快有了在政坛上显露身手的机会，只不过其后果并不美妙。

1504 年，即莫尔结婚的那一年，莫尔被选为国会议员。这是一次短期国会，是国王亨利七世专为通过一项特别征税案而召开的。这项特别征税是为了支付与国王私利有关的两项补助费：一项用于为国王已死去两年的儿子阿瑟亲王册封骑士，另一项用于国王的长女玛格丽特公主与苏格兰国王詹姆斯四世的婚姻。亨利七世贪得无厌，单为女儿婚姻索要的补助金额就高达九万英镑。本来议会打算满足国王的要求，可是最后将补助削减到只有四万英镑，而在这里起主要作用的正是莫尔。当反映国王要求的征税案准备交付三读的时候，刚正不阿的莫尔忍无可忍，他站出来据理反对，使议案未能通过。一位名叫泰勒的国王枢密官出席了会议，他从会场出来后向国王报告说："一个嘴上没毛的小子使你的所有意图都落空了。"国王闻言怒不可遏，要对莫尔进行报复，可是碍于公众视听和莫尔几乎毫无财产的经济状况，于是将报复施加到莫尔的父亲头上，找了一个无端的理由将莫尔的父亲关进了伦敦塔，处以一百英镑罚金后才获释放。

由于得罪了国王，莫尔深感处境艰难，甚至性命堪忧，于是，他想出国避险。1508 年，他曾短期旅居巴黎大学和卢汶大学，为出国做准备。总之，莫尔初涉政坛就受到沉重打击，这一惨痛的教训使他清楚地认识到与国王对立将面临怎样的严重后果。可是，后来他的政治生涯表明，当这位人文主义者将理想和信仰置于至高无上地位的时候，他可以义无反顾地将自己的生死置之度外，这也许正是莫尔作为一位政治家的魅力之所在吧！

第 2 章

人文主义者的莫尔

一、人文主义与人文主义者

莫尔是文艺复兴时期最重要的人文主义者之一。“人文主义者”（humanist）一词是 15 世纪末出现的，如本书“引言”中所说，是指当时从事古代文化研究的人。而这种对古代文化的研究和效仿被称作“人文主义”（humanism），它是从“人文主义者”一词衍生出来的。不过，除了这个用法外，“人文主义”一词并不仅限于古代文化，也广泛用于指对人性、人的尊严和人本身利益的研究和关注。当然，在很多情况下，这层含义是与人文主义者反对宗教神学抬高神性和神的权威，贬低人性和人的权威相联系的。

将人文主义的领域用学科来表示，就被称作“人文学科”（humanities）或文科，包括文法、修辞、诗歌、历史和道德哲学。从西方教育思想的发展来说，人文学科的划分可以追溯到古希腊罗马的自由教育思想，尤其是亚里士多德（Aristotle）和西塞罗（Cicero）的教育思想。根据这种思想，教育学科的设置应当适合于人类本身自由发展的需要，与为了谋生的实用性技艺区别开来，它主要包括文法、修辞、逻辑、算数、几何、音乐、天文。其中前三项称为三艺，后四项称为四艺。"人文学科"不包括逻辑和四艺，这是它与古代七艺不同之处。同时，它也不包括中世纪大学中的神学、法学、医学、自然哲学、形而上学等科目。所以，在文艺复兴时期，虽然"人文主义"的称谓如雷贯耳，但严格地说，相对于人类思想文化的全部领域，它所涵盖的范围仍很有限。尽管如此，在强调人的自由发展、全面理解人性和尊重人的价值这一核心理念上，人文主义与古代思想是完全一致的。人文主义者认为，加强人文学科各领域的教育和研究，可以为人类理性的自由发展创造良好的条件。因此，毫不奇怪，当时的许多人文主义者都是学校的教师或学生，前面提到莫尔在牛津的老师和朋友格罗辛、利纳克尔、科利特等人就是如此，他们研究和讲授古代文献或古典语言（希腊语、拉丁语），并取得卓越的成就。

为什么人文主义者会对古代文献和古典语言感兴趣？这可以从两个方面来说。

首先，中世纪宗教神学将人看作神的创造物和附庸，他们没有自己独立的人格和价值，他们所做的一切都必须服从神的旨意，必须依靠神的恩典来赎救自己的罪过；而包括哲学和自然科学在内的一切人类文化成果，也统统被看成是神学的婢女，它们的存在和价值只有在为神学服务中才能得到实现。在宗教神学的思想束缚下，人完全失去了独立思考的自由，成为迷信和蒙昧的牺牲品。人文主义者要将人类从宗教神学的精神枷锁中解放出来，就要寻找粉碎这一精神枷锁的武器，他们在古代文献中找到了这样的武器。在那里，“人是万物的尺度”，人是关注的中心；古人对人性价值的讴歌，对人类尊严的弘扬，对人的能力的推崇，展现出一个人类自由发展的辉煌时代。于是，人文主义者理所当然地把古代文献当作追求和效仿的样板，将复兴古代文化当作实现人类自由理想的途径。

其次，人文主义者之所以重视古典语言，是因为原始的古典文献都是用希腊文或拉丁文写成的。他们认为，要获得和把握古典文献的真谛，不能不从古代文献的希腊文或拉丁文“原本”读起。比如，亚里士多德是对中世纪神学有重要影响的古希腊思想家，中世纪所见到的亚里士多德著作主要是拉丁文和阿拉伯文译本，其中还掺杂了一些伪作。显然，要准确理解亚里士多德的思想，阅读他的希腊文原著是十分必要的。所以，人文主义者将古典语言的学习和运用当作理解古典文献的入门和先决条件，并将古典文献的翻译和介绍当作他们的主要工作，也就毫不奇怪了。这一翻译工作主要有两个方向，一是将希腊文文献翻译成当时学术界通行的拉丁文，另一是将希腊文和拉丁文文献翻译成各国的本民族语言。在整个文艺复兴时期，这种翻译工作几乎没有间断过，在一段时间内甚至形成了规模宏大的运动。据统计，在 15、16 世纪，当时所能找到的希腊文古典文献已经全部被译成了拉丁文，许多文献还被多次翻译。这些译作涉及的范围十分广泛，不但包括希腊哲学家和政治家的经典著作，而且还包括大量的诗歌、历史、演说、神学，以及数学、医学、植物学等方面的著作，希腊教父们的著作也在其中。

而且，特别重要的是，除了研究古希腊文献离不开希腊文，对基督教思想的研究也离不开希腊文。因为古希腊思想是基督教思想的主要来源之一，而且基督教《圣经·旧约》最初就是从希伯来文译成希腊文而广泛流传的，《圣经·新约》的原文则全部是希腊文，后来才被译成拉丁文。由于基督教是西方社会生活的精神支柱，所以，当人文主义者从希腊文原本阅读《圣经》，试图根据《圣经》的本来意义理解它，而不是盲目信从教会权威的时候，可以想见，它所造成的思想变化和社会影响是十分深远而重大的。

也许有读者会问，从现代学术研究的角度看，将某类文献从一种语言翻译成另一种语言是十分常见的，似乎并不是什么难事，何以人文主义者对古代文献的翻译会引起这么多人的关注？这里我们不能不说一下当时古代文献文本的情况。在谈到这一时期对古代思想的“复兴”时，人们往往不能回避这一复兴所依据的“文本”问题：人文主义者手中的古代文献从何而来？因为自从 395 年罗马帝国分裂为东、西罗马帝国两部分，基督教会也随之分裂为以希腊语地区为中心的东派教会和以拉丁语地区为中心的西派教会，并在争夺基督教会领导权的斗争中形成誓不两立之势，直至 1054 年公开分裂为东正教和罗马天主教两个教会，希腊古代文化与西方的联系就逐渐隔绝和中断了，许多古代文献在西方竟至失传。不过，这种情况并未长此继续下去。11 世纪末至 13 世纪末，西欧教会为“讨伐”穆斯林异教徒而发动的十字军东征提供了一个契机，一批古代文献被十字军当作战利品，或被一些躲避战乱的学者带到西方，向西方学者展现了久已失传的古代文化的一角。更有影响的事件是，1453 年，土耳其奥斯曼帝国的军队攻陷了拜占庭帝国的首都君士坦丁堡，许多精通古代文化的学者带着大量古代典籍逃到西方，使西方学者从这些典籍中第一次看到了一个光辉灿烂的古代文明。

在对古代典籍最初的震撼和惊讶之余，为了全面“复兴”古代文化，人文主义者把收集和整理古代典籍当作他们义不容辞的使命。这种收集和整理之所以必要，是由这些典籍的存在状况决定的。在古代，廉价的纸张和印刷术还未出现，各种文献都写在昂贵的羊皮纸、牛皮纸上，如果需要复制，必须由专门的抄写员来誊写。因此这些文本价格昂贵，数量稀少，流传的范围也极为狭小，其中学术性著作更是如此。为了找到这些难得的著作文本，人文主义者不得不在全欧洲的图书馆和私人藏书中寻觅。经过努力，他们不但找到了许多已知作家的手稿或抄本，而且还发现了一些未知作家的著作。有的著作已经躺在图书馆的积尘中几百年无人问津了。由于这些著作都是手抄本，其中的疏漏讹误在所难免，各抄本之间的不一致也十分常见。而且，为了节省皮纸用量，抄写员还经常使用一些省略符号，这些符号的用法并无统一规定，以致时过境迁之后很难确定其省略的内容。因此，人文主义者不但要寻找古代典籍，还必须对各种版本进行鉴别、比对、注释和整理，然后才能进行必要的翻译，编纂出不同文字的标准文本。

不能不提到的是，这些标准文本能够走出人文主义者的书斋为世人所知，对整个西方思想产生影响，得益于廉价纸张的生产和印刷术的采用。而中国发明的造纸法和活字印刷术为此作出了决定性的贡献。14 世纪末至 15 世纪，在中国造纸法和印刷术的基础上，德国科学家相继解决了廉价纸张的生产和机器印刷的技术问题，使书籍出版成为一项有利可图的产业，得到迅速的发展。这不但使古代典籍的大量出版成为可能，也为人文主义思想的传播创造了条件。因此可以毫不夸张地说，如果没有中国发明的造纸法和印刷术，西方的文艺复兴和后来的启蒙运动，都不可能有后来所见到的巨大成就，西方文明的发展进程也不知会被推迟多少年。

二、莫尔的人文主义活动

当我们知道了当时人文主义者的基本情况，就很容易将莫尔同人文主义者联系起来了。前面提到的莫尔在牛津时的老师格罗辛、利纳克尔和科利特都是重要的人文主义者，在他们的影响下，莫尔对学习希腊文和研究古典文献产生了极大的兴趣，在离开牛津后仍乐此不疲，一度将其父希望他学习的法律抛在一边，以致其父不得不中断他的生活费，甚至要与他断绝父子关系，迫使他回到法律学习上来。

莫尔不但是人文主义思想的接受者，还是人文主义活动的践行者。

莫尔主要师从格罗辛和利纳克尔学习希腊文和古典文献。格罗辛是当时英国精通希腊文和希腊文化的少数学者之一，并任圣劳伦斯犹太人区的牧师。虽然他留下的著作不多，但他的希腊文化造诣却众所公认。格罗辛十分欣赏莫尔的才学，他曾邀请莫尔到他所在的教堂宣讲奥古斯丁的《上帝之城》（*City of*

God)。奥古斯丁（Aurelius Augustinus，354~430）是基督教最伟大的神学家和哲学家之一，是教父思想的集大成者，在13世纪托马斯·阿奎那（Thomas Aquinas，1224~1274）的亚里士多德主义形成之前，他的思想一直支配着中世纪基督教思想的发展。《上帝之城》是奥古斯丁的代表作，它通过对“上帝之城”与“世俗之城”的描述和对比，阐述了神学的社会历史观。这部著作是神学经典，宣讲它的难度可想而知，即使一些钻研多年的神职人员也会望而却步。莫尔宣讲《上帝之城》时只有23岁，但他面对不乏饱学之士的各方听众，表现得十分自信。他不但从神学的角度，而且从哲学和历史的角度阐明该书的思想和意义，并不时引出对社会现实问题的批判，博得听众的一片喝彩。

利纳克尔的兴趣更广泛，尤其对医学和科学情有独钟，他在牛津和剑桥讲授医学，参与了皇家医师学院的创立。莫尔不但向他学习希腊文，还听过他关于亚里士多德气象学的课程。莫尔的另一位朋友威廉·李利（William Lily）也值得一提，他是格罗辛的教子，比莫尔年长十岁，是一位很成熟的人文主义者。他从牛津大学毕业后，曾亲往耶路撒冷朝圣，并在希腊罗得岛的难民那里学习希腊文，然后又到罗马进修古代知识。当他回国时已经是精通古代文化的学者，16世纪英国学校通用的拉丁文文法书就是他编写的。后来他成为科利特创建的圣保罗学校的第一位高级讲师，这所学校的主要课程是研究《圣经》和学习古希腊哲学家的著作。莫尔不但向李利学习希腊文，还同他一起将希腊诗选集中的讽刺短诗译成拉丁文。

在莫尔的友人中，对他影响最大的是科利特。科利特精通古代柏拉图、西塞罗、普罗提诺等人的哲学，对经院哲学和奥古斯丁的教父哲学也有深入研究。虽然他在希腊文方面并不见长，但在确定英国人文主义运动的发展方向上，他发挥了重要的指导作用。他认为，在对古代思想进行研究的同时，应当将揭示人性的合理性同对基督教早期思想的研究结合起来，应当在此研究的基础上，对现实基督教会的腐朽、迷信和不道德行径进行批判。他在牛津讲授《圣经·新约》中的“保罗书信”时指出，中世纪经院学家主要通过各种象征意义来理解《圣经》，反倒把《圣经》中明白讲出的道理搞复杂了，使《圣经》处处充满了神秘。以“保罗书信”中的故事为例，经院学家试图从中找出迂回曲折的含义，而实际上，它们只不过是一个真人写出的真实事件而已，并无神秘可言。因此，对《圣经》应当返璞归真，应当从《圣经》的原始文本来理解其本来意义。科利特的观点证明了从希腊文阅读《圣经》的必要性。莫尔深受科利特思想的影响，他热衷学习希腊文，既出于研究古希腊典籍的需要，也出于准确理解基督教文献的需要。在这一点上，他同一些反对希腊文献，将古希腊学术看作异端的顽固神学家是针锋相对的。

莫尔对当时教会的种种弊病深恶痛绝，把圣洁的教会生活作为理想。他最终没有选择修士生活的另一个原因，就是因为他看到了当时修士生活中荒淫堕落的一面。总之，科利特和莫尔是想通过对基督教文献的研究恢复基督教的本来意义，从而消除现行基督教中腐朽的东西，达到改进基督教的目的。在文艺复兴时期，像科利特和莫尔这样关注宗教的人文主义者一般被称作“基督教人文主义者”，虽然他们在宗教观点和激进程度上与后来的宗教改革家大不相同，但他们同样推进了那一时期对宗教的理性思考。在给科利特的一封信中，莫尔表达了对他的敬重之情。他说，科利特的布道使他变得虔诚，他的生活是自己生活的榜样，他的鼓励使自己对取得道德进步充满信心，“所有这些使我感到自己变得坚强起来，而没有这些，我就会眼看着自己变得虚弱和低沉”。他把科利特称作自己“精神上的指导者”，后来科利特称莫尔是“不列颠的天才”。

与欧洲其他国家的人文主义者相比，英国人文主义者发表的作品并不很多，而莫尔是其中少有的多产作家，除了后面我们将专门介绍的《乌托邦》以外，还包括大量的拉丁文讽刺诗、拉丁文和希腊文译著，而最著名的是历史著作《理查三世史》。

写拉丁文讽刺诗是人文主义者模仿古代文学风格的一个体现，而莫尔恰恰是最富有讽刺天赋的人。在日常谈吐中，他的诙谐、戏谑、幽默、嘲讽的风格是人尽皆知的。而且他对拉丁文的运用得心应手，因此他的讽刺诗字句纯正、言辞犀利、文风潇洒，是人文主义诗歌作品中难得的佳作。莫尔的拉丁文讽刺诗有许多是他在青年时期写的，并未准备发表，后来于1518年由巴塞尔的弗罗本出版社结集出版，其中也收入了他与李利从希腊文译成拉丁文的诗。与当时诗歌常以抒情题材为主不同，莫尔的讽刺诗涉及社会生活的各个层面，尤以政治方面的内容居多。虽然讽刺诗的语言往往是嬉笑怒骂、诙谐幽默，但莫尔在诗中表达的思想意向却十分明确。他憎恶暴君统治，把暴君比喻成祸害羊群的狼。他希望国君成为尊重法律、捍卫和平的人民公仆。在国家制度上，他认为民主制远比君主制优越，因为在民主制度下，人民不但有权选举国家的统治者，也有权废黜国家的统治者，这样就避免了君主制下暴君统治不可动摇的弊端。在诗中，莫尔还无情地揭露和讥讽教会人士的愚昧、贪婪和罪恶。比如，他在一首诗中写到这样一个故事：在狂风大作的海上，一艘帆船在波涛中颠簸，水手们感到大祸临头，乞求船上的一位教士为他们祈祷。可是教士的祈祷无济于事，眼看巨浪就要将船打翻。这时一位聪明人向大家喊道：一定是船上的罪恶太重了，快把教士扔下海去，船就会轻舟脱险。水手们这样做了，帆船果然脱离了险境，扬帆远行。

在莫尔翻译的各类译著中，特别值得一提的是《约翰·皮科的生平》（*The Life of John Picus*）。这本书是皮科的侄子约翰·弗兰西斯（John Francis）写的，莫尔将它从拉丁文译成了英文（其中还包括皮科写的三封信），于1505年出版。皮科（Pico Della Mirandola，1463~1494）是意大利哲学家、人文主义者、米兰德拉伯爵。他早年学习希腊文和希伯来文，研究古代文化和基督教思想，试图建立一个包罗万象的柏拉图主义的思想体系。1486年，他提出九百个论题请各国学者讨论，其中有十三个论题受到教会的质疑。皮科因公开为这十三个论题辩护，被教皇指为异端。皮科恐受迫害而逃到法国。法国当局在教皇的要求下于1488年将其逮捕，后经意大利权贵的干预被释放，回佛罗伦萨定居。

皮科在为他的论题作辩护时提出的一个主要思想，就是贬低神对人的主宰和控制，强调人的尊严和价值。他的观点被收在《论人的尊严》一书中。他在书中指出，神虽然在开始时创造了人，但人不属于天，不属于地，不受神的任何约束和限制。在生活中，人可以按照自己的意志规定自己的本性，对人生作自由选择；他们可以随心所欲地塑造自己，就仿佛人是自己的创造者。虽然皮科的这些激进思想不一定能为所有的人文主义者接受，但他藐视神的权威，颂扬人性尊严，使他成为一代人文主义者的旗帜。莫尔之所以对皮科的生平感兴趣，显然与他同情皮科的人文主义立场有关。莫尔关心皮科生平的另一个原因，是他把皮科当作自己生活的样板，他也希望像皮科那样，不必献身于宗教生活，而是在世俗世界中做一位虔诚的宗教信仰者。可以说，莫尔决定放弃在修道院修行而选择结婚，在很大程度上是受到皮科的生活方式的影响。

与讽刺诗和译著不同，莫尔的《理查三世史》（*History of Richard the Third*）是一部相当严肃的历史著作。该书动笔于1513年。莫尔本来想写从理查三世篡位到亨利七世死的一段英国史，后来因转写《乌托邦》而搁笔，只完成了有关理查三世的部分。这部著作继承了古代史学著作的风格，又富有近代史学的韵味，在当时各类历史著作中，它的影响无与伦比。而且它的英文本还有很高文学价值，被称作“地道英语的第一个样板”，莫尔也因而被称作用流行英语书写自己祖国历史的第一人，是“英国的散文之父”。后来莎士比亚的戏剧《理查三世》在很多方面也借鉴了莫尔的这部作品。

在历史上，理查三世是一位篡权夺位的阴谋家和暴君，他的故事必须从1455年至1485年英国封建贵族争夺王位的战争谈起。这场战争的一方是以红玫瑰为族徽的兰加斯特家族，另一方是以白玫瑰为族徽的约克家族，因此史称“红白玫瑰战争”。战争中，双方各有胜负，都付出了惨痛的代价。这场战争虽无正义可言，但其后果却很有意义，因为它使英国旧贵族的力量在自相残杀中大为削弱，使战后的封建王朝在很大程度上不得不依靠资产阶级化新贵族和新兴资产阶级的支持，为后来英国资本主义生产关系的发展和资产阶级革命创造了有利条件。战争期间，约克公爵理查战死后其子爱德华继任约克派首领，1461 年成为英国约克王朝的国王，即爱德华四世。1483 年，爱德华四世病危，传位于其子爱德华五世，让其弟格洛斯特公爵理查摄政。爱德华五世即位不久，理查就将爱德华五世及其弟约克公爵囚禁于伦敦塔，后秘密杀害，自封为国王，称理查三世。理查三世在位两年，于 1485 年在博斯沃思平原与兰加斯特家族的表亲、里士满伯爵亨利·都铎的战斗中失败被杀，输掉了红白玫瑰战争。亨利·都铎成为英国国王，即亨利七世，开始了都铎王朝的统治。

在英国历史上，理查三世因其弑君篡位、阴险毒辣而成为暴君的典型。他的这个形象恰恰主要来自莫尔在《理查三世史》一书中的描述。莫尔用生动犀利的笔触，将理查三世阴谋陷害和杀死亲侄，通过欺骗朝野、威逼利诱、不择手段攫取王位的种种恶行揭露得淋漓尽致。虽然理查在位时间不长，却成为后来许多作家笔下和艺术作品中的典型人物，与莫尔对他的形象定位有很大关系，尽管现在许多历史学家对莫尔的描述的可信性表示怀疑。《理查三世史》所叙述的情节发生时，莫尔只不过是一个不谙世事的儿童，他也未亲历过这些事，那么，他是如何得到那些宫中秘闻的呢？莫尔的消息来源主要有两个：一个是当时社会中的传闻，因为对于任何政治社会来说，国家首脑的不正常更替都会引起种种或虚或实的猜测，甚至会影响公众的政治倾向；另一个是前面提到的莫尔的恩人莫顿。

理查三世在位时，莫顿是红衣主教，在政治上与理查三世为敌，因而受到理查三世的迫害。可以想见，后来莫尔在莫顿家里当侍从时，一定从这位恩人那里听到不少关于当时政治斗争的事情，而且带有明显的反理查三世的倾向。

不过，莫尔写《理查三世史》不仅仅是要记述一个宫廷阴谋的故事，他的真正目的是要以史为鉴，表达他关于国家统治者的理想观念。在书中，他将爱德华四世与理查三世做了对比，将爱德华四世描绘成一个贤明君主，他为国家带来幸福与和平；将理查三世说成是一个邪恶暴君，他造成了国家的混乱和衰落。莫尔通过两个君主的对比来说明，国王作为一国之君，不但要有非凡的智慧和能力，还要有高尚的品德。如果他为了攫取不正当权力而耍尽阴谋，不择手段，就会成为无德的暴君，他既不可能尊重自己的臣民，也不可能治理好他的国家。莫尔在描述宫廷事变的同时，还暗示出他接受了民众对国君的暴虐被动忍受、无可奈何的心态，他也将一个国家的兴衰沉浮完全寄托在国王或君主的身上。在他看来，只有一个贤明君主的出现，才能使一个国家繁荣昌盛，使人民生活幸福。后来他对亨利八世寄予厚望，在《乌托邦》中将理想社会的实现归功于乌托邦国王乌托普的英明创建，都与这个思想一脉相承。

莫尔的人文主义活动不只限于读经译典，在他步入政坛以后，不止一次地利用自己的地位和影响支持大学中人文主义者的“新学问”运动。1518 年，牛津大学的一批神学家以古代曾与希腊人作战的“特洛伊人”自居，反对复兴古希腊文化，反对古代提倡的“七艺”教育。莫尔听说此事后，立即写信给大学当局，要求他们阻止这样的帮派活动，认为大学应当鼓励一切学术研究，包括对古代文化的研究。他指出，大学应当有和谐的学术氛围，无谓的争吵和攻击不利于学校的发展。针对“特洛伊人”对希腊文化的攻击，莫尔反驳说，那些自称为学者的人，对古代文化一窍不通，却大言不惭地对古代文化评头品足，他们的说教完全是胡言乱语。鉴于当时英国对古希腊文化的研究状况，他特别提出要加强希腊文的学习，认为任何反对学习希腊文的现象都是不能允许的。因为尽管当时许多希腊文献已经被译成了拉丁文，但翻译水平十分低劣，研究这些文献的最可靠办法是阅读希腊文原著。莫尔还在一些信件中表达了这样一种观点：一个基督徒应当将其信仰转变为日常生活的实践，应当学会如何在这个世界上更好地生活。莫尔强调，了解纷繁复杂的人类生活，对于每个基督徒和神学家都是重要的，因为信仰正是在人类各种不同的生活情境中发挥作用的。古希腊人的生活是人类智慧的一个体现，并通过当时的文学、诗歌和历史等作品展现出来，基督徒研究这些作品不但不会削弱他们的宗教信仰，反而会丰富基督教的智慧，加强基督教神学的基础。

三、莫尔与伊拉斯谟

说到莫尔的人文主义活动，不能不提到同时代的另一位著名人文主义者伊拉斯谟（Desiderius Erasmus，1466~1536），因为他们两人在共同的人文主义事业中，建立了毕生的友谊。莫尔死后，伊拉斯谟曾在一封信中写道：“由于莫尔的死，我自己似乎也死去了，因为我们有一个共同的灵魂。”

伊拉斯谟是文艺复兴时期最有影响的思想家之一，享有“世界的明灯”“现代思想的先驱”等盛誉。他的主要贡献是在推进古代文化研究的同时，将古代文化的精髓与原始基督教的思想结合起来，通过对现实基督教的批判，为后来的宗教改革运动作了思想和理论方面的准备。

伊拉斯谟出生于荷兰的鹿特丹，是一个教士的私生子，父母均早逝。他的这个出身给他的大半生带来了烦恼，因为他不得不与他所憎恶的修道院生活搅在一起：他的监护人认为他注定应当成为一个修士，于是将他送往修道院，无情地扼杀了他上大学的梦想。起初他在豪达附近的一所奥古斯丁教团修道院修行，后来又辗转到过几个修道院，36 岁时成为教士。1494 年，他成为康布雷主教的秘书，这一职位使他在翌年获得了去巴黎大学学习神学的机会，并最终成为一名教师。尽管他这时已经离开了修道院，但他对修行生活的恐惧仍萦绕于心，生怕重新回到那种生活中去。这一担忧成为决定他生活方式的重要因素，他周游于西欧各国学界，成为一个“世界人”，就是不愿回到他的祖国荷兰去。1499 年夏，当他准备去意大利时，他的一个英国学生芒乔伊（Mountjoy）勋爵将他带到英国，并留住家中。这是伊拉斯谟第一次访问英国，他与莫尔的友谊也由此开始。

伊拉斯谟与莫尔早就互有所闻，但他们的首次见面却颇有戏剧性。在一次由伦敦市市长举办的酒会上，两人发生了争执，唇枪舌剑，互不相让。然而两人都为对方表现出的机敏和睿智所倾倒。伊拉斯谟说：“你一定是莫尔，不可能是别人！”莫尔则说：“你要不是伊拉斯谟那才怪呢！”两人彼此都有相见恨晚之感。

莫尔与伊拉斯谟很快成为至交。对于这位来自荷兰的朋友，莫尔想方设法为他在英国的活动提供方便，除了生活上的周到安排以外，他的一个惊人之举就是将他引见给了后来的英国国王亨利八世，其目的无疑是要通过与皇家的交往为伊拉斯谟寻求庇护。在那个时代，为了自身的安全和发展寻找有权势人物的庇护，对于一位舞文弄墨的文人来说是十分必要的。当时亨利还只是一个 8 岁的男孩，与皇家子弟们在伦敦东南的埃尔瑟姆宫居住并接受教育。一日，莫尔和伊拉斯谟从芒乔伊勋爵在格林尼治乡间的住所出发，徒步走到埃尔瑟姆宫。他们到达时，宫中的侍从列队相迎，亨利站在大厅中间，一派帝王风范，威严而礼貌地接受莫尔和伊拉斯谟的觐见。在席间，亨利向伊拉斯谟索要作品，后来伊拉斯谟献给他一首赞美诗，对小亨利、其父亨利七世和英格兰大加赞扬。

英国的异国环境使伊拉斯谟暂时摆脱了对修道生活的恐惧，他很快融入英国浓厚的人文主义氛围中，如鱼得水。他说，在我的生活中，从来没有发现哪个地方像英格兰那样令人惬意，这里不但气候宜人，有益健康，而且拥有那么多超凡脱俗的文人学者，他们的古代文化素养深厚、广博，令人惊叹。他承认，他甚至因此改变了原来要去意大利的初衷。他说，在英国至少有五六位精通希腊文和古代文化的学者，与他们在一起，就没有必要再去意大利了。他曾经列举了这些著名的学者的名字，莫尔的老师格罗辛、利纳克尔都名列其中，而与伊拉斯谟交往最密切并给他以最深刻影响的是科利特和莫尔。科利特在古典文化方面的高深造诣使伊拉斯谟敬佩之至。他说，聆听科利特的讲演就好像亲身领受柏拉图的教诲一样。科利特鼓励伊拉斯谟将古代思想的精神与神学研究结合起来，建议他首先对《圣经》的原文进行注释，以求理解《圣经》的本来意义。他的这一建议给伊拉斯谟以极大启发，使伊拉斯谟决心将神学研究作为自己的人生目标，并首先从学习希腊文入手。因为他明确认识到，对《圣经》的任何解释，都必须以原始的希腊文本为依据。后来伊拉斯谟用三年时间熟练掌握了希腊文，并从希腊原文校勘了《圣经·新约》，附上了注释，同时将《圣经·新约》译成拉丁文，于1516年出版了《圣经·新约》的希腊文、拉丁文双语版。这部基督教经典的出版成为当时影响宗教改革进程的最重大事件：它不但修正了旧拉丁文版本中的一系列疏误，而且在注释中强调了圣保罗和早期希腊教父的地位，极大鼓舞了致力于批判罗马教会和经院哲学的早期宗教改革家。

作为伊拉斯谟的朋友，莫尔对古代文化的关注和改革神学的愿望与伊拉斯谟不谋而合。他坚决支持伊拉斯谟根据希腊原文来研究《圣经·新约》，他说古希腊人对《圣经》有充分的认识，最有资格阐释《圣经》，如果不懂得希腊文，就根本无法了解《圣经》的真谛。伊拉斯谟也说，他与莫尔之所以建立深厚的友谊，学术研究上的共同爱好是最主要的因素之一。

莫尔在希腊文和古典文化方面的深厚造诣成为伊拉斯谟学习的楷模，两人的合作也首先表现在古典著作的翻译方面。最值得一提的是，他们共同翻译了古罗马哲学家和讽刺作家琉善（Lucianos，约125~约192）的著作。琉善生活在古罗马帝国时代，他信奉德谟克利特和伊壁鸠鲁的原子论学说，是坚定的唯物主义者和无神论者，曾被恩格斯称作“古希腊罗马时代的伏尔泰”。他一生写了约七八十篇对话，在这些对话中，他猛烈抨击罗马帝国的黑暗统治，无情地鞭挞各种腐败的社会现象，辛辣地讽刺宗教迷信的荒诞，在一定程度上表达了下层劳动群众的心声和要求。莫尔和伊拉斯谟将琉善的三十三篇对话从希腊文译成拉丁文，其中伊拉斯谟翻译了二十九篇，莫尔翻译了四篇。伊拉斯谟将这部著作献给了亨利七世的秘书鲁萨尔亲王（Ruthall）和温彻斯特主教福克斯（Foxe）的牧师之一理查德·惠特福德（Richard Whitford）。当然，莫尔和伊拉斯谟赞赏琉善的作品，不是着眼于他的唯物主义和无神论思想，而是看重他对社会弊病进行批判的现实主义态度，以及他对一切宗教迷信的怀疑和为自由思想所作的辩护。在琉善的多篇对话受到基督教神学家激烈批评的情况下，莫尔却试图为琉善正名。他强调指出，琉善对宗教迷信和蒙昧无知的批判，表现了对自由思想的追求，它对于具有正常思维、要求认识世界和了解人类本性的基督徒来说，不但无害，而且大有裨益。此外，琉善作品的怀疑主义色彩和讽刺风格，对莫尔和伊拉斯谟也有很大影响，在莫尔的《乌托邦》和伊拉斯谟的《愚人颂》中都有明显表现。

《愚人颂》（*Morriae Encomium*）是伊拉斯谟的一部社会批判著作，用拉丁文写成，于1509年出版。这是一部使伊拉斯谟名垂史册的作品，它一出版就大受欢迎，很快被译成各种文字。在这部书中，伊拉斯谟以嬉笑怒骂的反讽方式，展现了人性的多样性，抨击了教会和世俗统治者的罪恶行径，揭露了经院哲学烦琐空洞、愚昧迷信的本质。说到伊拉斯谟的《愚人颂》，不能不提到莫尔，因为这本书就是在莫尔家中并在其鼓励下写成的。1509 年，伊拉斯谟从意大利归来再访英国。当他骑马穿越阿尔卑斯山时，一路上不甘寂寞地思考着他的学术研究和文人朋友们。他回想起与莫尔的愉快交往和一次次畅谈，突然闪现出一个念头，“莫尔”（More）一词与希腊语中的“愚蠢”（moros）一词十分相近，莫尔不就是一位大智若愚的天才吗？他的智慧、博学和才能，不是在他的戏谑、幽默、讥讽、笑骂的言谈中显露得淋漓尽致吗？为什么不能以这种风格写出一部作品，针砭社会的时弊呢？到英国后，伊拉斯谟住进了莫尔的家中。这时正好他的肾结石症发作，托运的书籍还未到达，无法做其他研究，于是他就将他在路上的想法付诸笔端，奋笔疾书，一气呵成，于七天之内完成了这部不朽之作。在写作过程中，莫尔给了他很大鼓励。伊拉斯谟说，是莫尔促使他写了这本书，尽管这就像让一匹骆驼跳舞那样毫不轻松。

《愚人颂》一出版，批评的声音也接踵而至，这主要是因为它对教会和神学有很多批评，招致教会人士的疯狂攻击。如同捍卫大学的人文主义学术研究一样，莫尔坚定地站在伊拉斯谟一边，不止一次地为《愚人颂》辩护。他高度评价《愚人颂》一书的社会价值，说它对学术与真理的追求照亮了人们的心灵，赞扬作者将一生献给了为他人服务的事业，而自己丝毫不求索取。针对神学家们的攻击，莫尔辛辣地讽刺他们傲慢无知，说他们是“从修道院斗室的窗洞里”向伊拉斯谟发出污言秽语。

伊拉斯谟曾多次访问英国，莫尔家几乎是他的必住之地。1517 年 4 月，为了参加在伦敦威斯敏斯特举行的教皇宽恕他违背教会法的“赦免礼”，他最后一次访问英国，住在莫尔在巴克莱斯伯里的家中。这时，虽然伊拉斯谟仍然周游各国，居无定所，但他已经成为欧洲各国争相邀请的最伟大学者。凭着他对英国人文主义者的好感和密切关系，他本来可以选择在英国定居，但是出于不愿意受到任何束缚的天性，他还是选择了自由的生活。尽管如此，他与莫尔的友谊却丝毫没有受到影响，他们频繁往来的信件记录了他们的深情厚谊。莫尔寄往国外的拉丁文信件大多是给伊拉斯谟的。特别要提到的是，伊拉斯谟是莫尔在世时唯一为他写传记的人。与莫尔死后问世的其他传记相比，伊拉斯谟所写的传记由于出自一位正直的人文主义者之手，由于它未受莫尔死后强加在他身上的天主教殉道士形象的影响，因此显得更为真切、朴实、可信，也为后人提供了了解莫尔生活的真实画面。这篇传记是 1519 年伊拉斯谟应其友人乌尔里希·冯·胡腾（Ulrich von Hutten）的请求写的，本文前面对莫尔的描述就借用了其中的许多情节。

在英国的人文主义思想家中，伊拉斯谟给莫尔以最高的评价。他深情地说，莫尔是“上天造就的最温和、最甜蜜、最幸福的天才”，“他的天才在英格兰是前无古人后无来者，他是英格兰的智慧之母”。

四、人文主义的教育思想

作为一个人文主义者，以及早年受教育的经历，莫尔对教育有特别的关注。他认为，教育是一项塑造新人的伟大事业，通过教育可以使人在身心两方面都健康成长，成为有道德的、勤奋的、成熟的、有宗教信仰的人。除了早年在法学院短期讲授过法学课程之外，莫尔并没有在社会上全面从事教育工作的经历，他将教育理想变成现实的实践活动是在家中进行的，他的妻子儿女乃至仆人和侍从，都是他的学生。后来有人说，莫尔把自己的家变成了一所大学。

实际上，莫尔对两位妻子的教育就是他的教育实践的一部分，不过有一定的特殊性，而他对子女的教育则更全面地体现了他的教育思想。

莫尔首先为子女营造了一个健康向上的生活环境。在莫尔的家中，玩纸牌、掷骰子等赌博性的游戏，以及轻浮放荡的行为都被严格禁止。他鼓励子女们学习知识和从事园艺等有益活动。莫尔家的院子就像一个小植物园和动物园，里面栽培了各种植物，饲养了他能够找到的各种动物，其中有一只灵性十足的猴子，为后来的传记作家们津津乐道。莫尔要子女们观察植物的生长和动物的习性，从在对自然事物的接触中学习知识。

在学习各类知识时，莫尔强调要把品德教育放在第一位。他在给子女的家庭教师威廉·贡内尔的信中说，他希望他的子女能够将“德行放在首位，把学问放在第二位；在学习中，对凡能教导他们对上帝虔诚，对一切人抱以仁爱，有助于培养自己基督徒谦恭之心的东西，都要极为重视”。当然，在莫尔的时代，社会的主流道德是基督教的道德，莫尔主张将德育放在第一位，也就是要将灌输基督教道德放在第一位，也就是要加深对上帝的信仰，实践基督教的仁爱理念。这种道德在日常生活中表现为一种理智良知，使人在处理各种事务和面对形形色色的诱惑时，能够遵守既定的道德规范，做出正确的道德选择。他要求子女不要羡慕别人拥有而他们不应拥有的物品，不要追求华丽的服饰等虚浮不实的东西。他甚至不主张子女以后从事以发财为目的的职业。他反对闲散和懒惰，培养子女从小不怕困难、奋发进取的精神。他说，人类生活是在上帝的帮助下靠努力奋斗创造出来的，上帝把人们派到人间来是要他们一觉醒来就工作，“我们不能指望躺在鸭绒床上进天堂”。尽管莫尔的道德教育有很强的宗教色彩，但他关于教育必须以德为先的思想是十分可贵的。

作为人文主义者，莫尔十分重视子女的文化学习。他亲自给子女讲授逻辑、哲学、神学、数学、天文学等方面的知识，尤其在拉丁文、希腊文和古典学术的教育方面投入了更大的精力。莫尔要求子女们从小用拉丁文写作，起初他们不能熟练掌握写作技巧，莫尔就建议他们先写出英文，然后翻译成拉丁文，逐步提高写作能力。当莫尔在外处理公务不在家时，他就要求子女用拉丁文给他写信，每日一封，不得遗漏。他的子女也很自觉，连最小的约翰也不例外，他们从不找任何借口违背父亲的意愿。每次他们都早早把信件准备好，等候定期邮班将邮件带走。莫尔对子女的信件都及时批阅，有时甚至在路途中颠簸的马背上写回信，指出他们信件中的文法错误和不足，鼓励他们继续努力。有一次，大女儿玛格丽特在信中小心翼翼地向莫尔提出要一点零花钱，莫尔回信开玩笑地说，如果可能的话，他宁愿用两个金币买她信中的一个音节。

在莫尔的悉心指导下，几个子女的拉丁文都取得了很大的进步，玛格丽特更是其中的佼佼者，并在古典文化研究方面卓有建树，后被称作“英国的光荣”。她精通拉丁文和希腊文，曾将古代神学家优西比乌斯（Eusebius）的著作从希腊文译为拉丁文，还翻译了其他许多著作。莫尔曾将她的拉丁文作品拿给谙熟拉丁文的经院学者们看，他们无不为之惊叹，不相信一个女人竟能用拉丁文写出如此精彩的文字。埃克塞特主教维西（Vesey）看过玛格丽特的拉丁文著作，对其大加赞赏，执意要给玛格丽特一枚葡萄牙金币作为奖赏。莫尔拒绝未果，只好收下。此后他不敢再将其他子女的拉丁文作品拿给主教看，因为主教一旦看了这些作品，很可能也会给予奖赏，他怕人们会说他是想用子女的作品捞取教会的钱财。

对于子女取得的进步，莫尔由衷地感到高兴，但他更关心他们在取得成绩时的态度。当他看到二女儿伊丽莎白从不为自己取得的进步而骄傲自满、忘乎所以时，特别给予鼓励。他说，与国王的全部财富相比，他更喜欢学问，但与世界上的所有学问相比，他更喜欢伊丽莎白不骄不躁的学习态度。因为不论她在学问上获得多高的荣誉，如果她在道德上不正直，那么，这个荣誉给她带来的只能是耻辱。他还嘱咐家庭教师，要注意从小克服孩子的虚荣心，因为虚荣心就像杂草，必须将其铲除在萌芽状态。虚荣心的产生往往与父母、老师的放任自流有关，因为儿童总是盼望夸奖，如果对这种心态不加引导，就会使儿童产生一味求得别人夸奖的习惯。他要求家庭教师不要对子女过分夸奖，务必使他们杜绝虚荣心，要教导他们把通过努力获得的成果看作对上帝智慧的证明。

为了培养子女的学习兴趣，莫尔还十分注意改进教学方法。比如，语言学习需要大量的记忆，他就探索改进记忆方法，避免死记硬背，使本来枯燥的记忆成为乐事。在当时的教育传统中，对学生的体罚是司空见惯的，并被当作必不可少的方法。莫尔不主张体罚，他认为子女的学习需要用仁爱和宽厚来呵护。据他在一封信中说，即使不得不“体罚”，也只是用孔雀毛在孩子们身上轻轻弹过而已。

由于莫尔的家庭教育主要与他的女儿有关，这样他就将妇女教育的问题提到了重要的位置。在当时社会普遍不重视妇女教育的情况下，莫尔的教育实践有独特的开创意义。莫尔不是现代所谓的女权主义者，他对男女地位的看法不能脱离当时男尊女卑的社会现实。他认为，与男性相比，妇女往往是缺乏理性的，因此追求虚荣，凭感情用事，喜欢在小事上絮絮叨叨，表现得很愚蠢。但他并不认为一切女性都是如此，他承认有一些杰出女性可以同男人不相上下。在这方面，他特别强调教育的作用。他认为，男人和女人在学习能力方面并无差别，就像撒播种子和收获果实的手是男人的还是女人的并无差别一样。因此，不论男人还是女人都可以通过学习来提高他们的理性。有些人将女人比作贫瘠的土地，只生杂草，不长庄稼。莫尔认为，这种看法是没有道理的，它恰恰证明有必要通过学习来弥补女性天生的缺陷。对女性进行教育，可以使她们获得必要的知识，提高她们的理性能力。他说，如果一个女性能够在具有良好品德的基础上再增加一点学问，那么，她所获得的益处将远远胜过她获得克罗伊斯（小亚细亚西部古国国王，以富有著称）的财富和海伦（希腊神话中的美女，斯巴达国王墨涅拉俄斯之妻）的美貌。经过这样的教育，妇女就可以在顺利时不趾高气扬，在逆境中不悲观气馁。对妇女进行教育的重要意义还在于，她们可以更好地培养和教育下一代，这显然对良好社会的形成是有益的。

第 3 章

再入仕途

在文艺复兴时期，人文主义者的职业出路一般有两条：一条是当教师、学者，从事文化教育和研究；另一条是走仕途之路，通过为君主、诸侯和教会首脑提供知识服务，最后成为统治者中的一员。莫尔走的是后一条道路。

一、伦敦副行政司法官

1504 年，莫尔因为在议会反对亨利七世的补助议案而受到迫害，几乎要移居国外，难道他没有接受教训，还会有从政的愿望吗？实际上，作为有远大志向的人文主义者，莫尔心中始终有一种强烈的报国为民之志，但他从亨利七世的暴虐和贪婪中意识到，这种志向只能在一个贤明君主的领导下才能实现。而当他所认为的贤明君主出现的时候，他不会拒绝为国家效力的机会。

1509 年 4 月，亨利七世去世，亨利八世继位。亨利八世就是十年前莫尔与伊拉斯谟在埃尔瑟姆宫曾经觐见过的那个小男孩，现在他已经是18岁的英俊青年，身材魁梧，仪表堂堂。亨利八世在做王储时就以平易近人、慷慨豪放而闻名，与其父的暴戾、贪婪形成鲜明的对照；而且他懂多种语言，喜欢科学，提倡学问和艺术，支持人文主义的活动，所以他的继位得到社会各界的普遍欢迎。有人说，亨利八世的登基使英国回到了“黄金时代”。伊拉斯谟的学生芒乔伊勋爵用“天也欢，地也乐，处处是醇蜜琼浆”来形容当时人们的心情。用他的话说，“这个国家已经摆脱了贪婪。我们的国王不追求金银珠宝，只追求德行、荣誉和不朽”。莫尔在一首祝贺新国王加冕的拉丁文长诗中毫不掩饰地表达了同样的心情：对暴君之死感到欣悦，对新国王登基寄予厚望。他说，暴政已经死亡，自由和法制已经恢复；苦难和悲痛已经过去，自由和欢乐已经到来。用后来一位传记作家的话说，读到莫尔的诗句，就好像他从噩梦中苏醒，迎接一位健壮、高贵朋友的来临。

在亨利八世执政之初，人们的期望并没有落空，尤其他对科学和学问的重视使人文主义者深受鼓舞。在国王的倡导下，各级主教也纷纷拥护和推进人文主义学术，在牛津、剑桥等大学先后建立了新的学院，学术研究蔚然成风。亨利八世还将许多人文主义学者揽入宫中，人们说，他的宫廷就像一座大学。满怀对贤明君主的厚望和对国家美好未来的期待，莫尔一扫在前国王统治下的颓丧心情，重新开始了他的仕途生涯。显然，莫尔重走从政之路是与他对亨利八世的乐观期待相联系的，或者说，他是认为找到了一个可以实现自己报国之志的贤明君主而投身仕途的。

1510 年 9 月，即亨利八世登基近一年半之后，莫尔获得了他的第一个高级职务——伦敦市副行政司法官。他的职责是向市长和行政官提出法律建议，协助对案件作出裁决。由于伦敦市的市长和其他行政官不懂法律业务，所以莫尔实际是伦敦的司法主管。这项工作并不繁忙，只需每个星期四午前开庭，处理诉讼案件。莫尔精通法律业务，才能过人，他审理的案件之多无人能及。在他任职之前常有积案多年不能裁决，他任职后，再也没有案件积压过。他在审理案件时的公正廉洁也有口皆碑，他通常只收取当事人很少的诉讼费用：控辩双方各 3 先令，不许超过。莫尔出色的法律实践为他赢得了声誉，直至一个世纪后，伦敦人仍不时谈到他作为法官的优秀品行。

由于经常处理涉及经济问题的民事纠纷和刑事案件，莫尔能够比较深入地了解当时英国社会的经济状况和各阶层人民的实际生活，这成为他后来在《乌托邦》一书中描写经济问题的重要材料来源。作为伦敦的副行政司法官，莫尔与伦敦商界和金融界建立了密切联系。而且由于他谙习各国贸易活动中的法律事务，使他能够对英国与其主要贸易伙伴汉萨同盟的贸易纠纷提供法律支持，维护英国商人的利益，因此深受伦敦商界的欢迎。汉萨同盟是德国北部沿海城市结成的商业和政治同盟，形成于 13 世纪，在 14 世纪达到鼎盛时期，其商贸活动和势力范围不仅涵盖了北德地区，而且扩展到丹麦、斯堪的纳维亚半岛、波罗的海沿岸、佛兰德、英国等地区。虽然至 15 世纪汉萨同盟的势力已经开始走下坡路，但在莫尔的时代，它仍然是英国商业贸易的主要对象之一。1515 年 5 月，在伦敦商界的推荐下，莫尔被委任为英国驻佛兰德大使馆的成员。同月，经国王允许，莫尔作为使臣前往佛兰德，就英国与汉萨同盟在羊毛和布匹贸易上的纠纷进行谈判。谈判十分艰巨，原定两个月的谈判，竟拖延至六个月，尽管如此，莫尔以其出色的智慧和谈判技巧，最后达成了满意的结果。也正是在这几个月的谈判中，莫尔利用比较宽裕的闲暇时间，写出了《乌托邦》一书。

1517 年 5 月 1 日，伦敦发生了所谓的“邪恶的五月一日”（Evil May Day）事件，这是莫尔任伦敦副行政司法官期间所遇到的最严重的社会动乱事件。在处置这一事件时，他表现出临危不惧的胆魄和无与伦比的论辩才能。事件起因于伦敦市民尤其是手工业者对居住在伦敦的外国富商和银行家的不满，认为他们损害了自己的利益。1517 年复活节后，在一些人的煽动下，部分伦敦市民对外国人的仇视情绪高涨，并有传言说，将于 5 月 1 日对外国人发动攻击。鉴于情况紧急，市政当局决定于 4 月 30 日晚九点到次日晨七点实行宵禁。宵禁开始后，一位地方官回家路过伦敦闹市区的切普赛德街，发现一群年轻人在街上玩耍，于是命令他们离去。其中一人不从，这位地方官试图将其逮捕，年轻人的同伙冲上来解救，地方官见势不妙仓皇逃走。这一事件引发了严重的骚乱。几个小时内，有上千市民聚集在切普赛德街，他们将此前因攻击外国人而被捕的一些囚犯释放出来，并向圣保罗教堂北部的一个外国人居住区进发。就在这个时候，他们遇到了莫尔。

面对情绪激愤的人群，莫尔没有畏惧和退缩，而是慷慨陈词、晓以利害，劝说他们散去。莫尔当时说了什么，没有详细记载，但根据出自莎士比亚之手的剧本《托马斯·莫尔爵士》中的描写，他与那些人进行了争论。针对那些人口口声声祈求和平，莫尔说，你们的所作所为已经破坏了和平。那些人说，外国人吃光了英国的美食，又把国外的劣等食品输入进来；赶走外国人，可以使伦敦的穷人过上好日子。莫尔反驳说：假如你们将那些外国人赶走，你们就会看到他们携儿带女，拖着破旧的行李，步履蹒跚地走向码头和岸边，渡海回国。而你们却像国王一样心满意足地坐在那里；你们的喧闹使当权者哑然无声，而你们却将自己的意见粉饰得冠冕堂皇。你们这样做得到了什么呢？我告诉你们，你们所说的，无非就是如何使无礼的言行和强暴的手段大行其道，就是如何使社会秩序荡然无存。而这样一来，你们没有一个人能安享一生，因为其他恶人，当他们用同样的方式来想问题的时候，也会对你们进行欺骗和讹诈。于是，人们就会像饥饿的鱼群一样，都想把对方吃掉。莫尔还向他们指出，要服从当政者的权威，否则就是冒犯上帝。因为上帝将自己的威慑、公正、权力和命令等职能都授给了国王，称他们是地上的神，所以反对上帝亲自确立的国王就是反对神。最后，莫尔还要这些人责问自己的良心，停止闹事，以求得宽恕。

莫尔的一番话产生了效果，骚动的人群开始安静下来，打算散去。而正在这时，一块石头飞来打在莫尔旁边一名卫兵身上，卫兵怒喊：“打倒他们!”此言一出，人群立刻被激怒了，他们不顾阻拦，冲向外国人居住区，开始大肆抢掠。后来，骚乱很快被国王的军队镇压下去，三百人被捕，其中十三人以叛国罪被处死。由于莫尔等人的恳请，其他人被国王赦免。在后人的笔下，这次事件的前因后果似乎并不重要，他们更注意的是莫尔在处理这次事件中所表现出的镇静、无畏和论辩才能，认为如果不是发生了意外，这次事件很可能会有另一种完全不同的结果。

二、宫廷之路

在历史上，“邪恶的五月一日”并不是一次十分重要的事件，但对于莫尔来说，却成为影响他后来命运的一个契机：国王欣赏莫尔处理危机事件时所表现的出色才能，决意要把他罗致到身边，直接为其效力。莫尔本不愿入宫，但迫于国王的一再要求，又由于对国王心存幻想，他最终踏入了宫廷。1517 年 10 月，莫尔成为国王政务会的成员，从此开始了长达十五年的宫廷生涯。

莫尔曾在一封致友人的信中谈到他当时的想法。他说：“人人都知道我不想到宫中去，国王常因此而责备我，我就像一个拙劣的骑手骑在马鞍上，十分难受。国王有一种方法使每一个人都为他所提供的特殊恩惠感到高兴，就好像伦敦妇女在伦敦塔旁的圣母马利亚雕像前祈祷，直到她们每个人都相信雕像在对自己微笑一样。我没有幸运地得到国王的特殊恩惠，也没有乐观地想象自己会得到那样的恩惠。不过，国王的德行和学问与日俱增，使我感到宫廷生活越来越不是一个负担了。”莫尔的话是他当时心情的真实表达，可是它的前提是，国王应当是他值得为其效力的贤明君主。那么，亨利八世是这样的君主吗？如果不是，又该如何行事呢？在《乌托邦》中，莫尔借议论国事，谈到在类似情形下如何行事的看法。他说，不论对一个国家，还是对国王召集的政务会议，不论我们如何无法克服其错误，无法纠正其弊端，我们也不能置国家社稷于不顾，我们不能因为无法控制风浪使它平静下来，而抛弃我们的航船。我们应当学会“间接”“机智地”控制事态，即使不能使事情变好，也不要使它变坏。尽管这个看法是莫尔在入宫之前说的，但却是他从政心态的真实表白，而且后来他在国王的淫威下也确实是这样做的。

在莫尔的朋友中，伊拉斯谟是最先知道莫尔入宫为官的。伊拉斯谟本人对仕途之路不感兴趣，因为他周游世界，居无定所，将基督教改革和人文主义事业作为己任，从来没打算为某个政府或国王效力，包括他的祖国在内。所以，他对莫尔的入宫为官不以为然，但他可以理解莫尔在当时情况下的选择。他说，如果不是在亨利八世这样一位贤明君主的手下为官，如果不是与朝中众多的饱学之士在一起共事，他一定会为莫尔的选择感到遗憾。他在给莫尔的信中写道：“你要去宫中为官，使我聊感欣慰的是，你是在一位最好的国王手下做事；不过，你的为官，对于我们，对于学问，却是一个损失。”

在英国历史上，亨利八世是一位有作为的君主。在统治英国的三十八年中，他加强了英国的封建专制统治，使英国成为一个统一的多民族国家；他实行自上而下的宗教改革，自命为英国教会的首领，使英国教会脱离了罗马天主教会的控制，剥夺了教会财产，增强了王权的政治和经济力量；在稳定的国内环境下，他采取鼓励工商业的政策，保护本国商人在国际贸易中的利益，促进了资本主义因素的成长和新兴资产阶级和新贵族力量的壮大。在对外关系上，他同试图称霸欧洲的任何封建君主一样，执行对外扩张的战争政策，他试图在英国的两个宿敌西班牙和法国之间纵横捭阖、从中渔利，尤其将法国当作主要敌人，甚至想充当法国的君主。他曾连年对法国用兵，最后都无功而返，而由此带来的恶果是财政拮据，国库空虚，不得不强征税赋，招致民怨沸腾。

对于这样一位君主，历史学家历来褒贬不一。伊拉斯谟和莫尔称赞他是好国王，主要是就他支持科学、热心于学问而言的。在这方面，国王的表现确实没有让莫尔失望。莫尔入宫后，亨利八世欣赏莫尔的学识，经常将莫尔召进宫内谈论天文、数学、神学之类的事情；有时还在夜间召见莫尔，两人在屋顶观察星空，讨论星体运行的规律。莫尔的乐观、幽默、风趣的天性，也使他成为国王和王后日常消遣的最好陪伴，以致他经常无法回家与妻子儿女团聚，而这是最违背他意愿的。出于对莫尔能力的赏识和信任，国王不但经常委托莫尔接待外国使节，发表官方讲话，起草各种协议，为国王代写各种要文信件，还将一些重要国事交莫尔处理，比如委派他为使臣，多次赴大陆处理与汉萨同盟的商务纠纷，安排并参加国王与西班牙和法国首脑的重要会见等。尽管如此，在更多的方面，亨利八世并不是莫尔心中的理想君主。比如，在国家关系上，莫尔是坚定的和平主义者，主张各国君主放弃战争，和平相处，而亨利八世却热衷于扩张领土、穷兵黩武、好大喜功。而且，随着时间的推移，作为专制君主，亨利八世的专横、暴戾、贪婪和奢侈也逐渐表现出来，与他的前任并无根本区别。在专制制度下，莫尔要如他所说的那样在大风浪中“机智”地控制航船，只能是一厢情愿。后来的事实也证明，当莫尔坚持自己的信念，反对国王的意志时，他不但不能改变事态的发展，反而使自己付出了生命的代价。

与莫尔从政以来的出色政绩有关，1521 年 5 月，莫尔被任命为副财政大臣，并封为爵士。莫尔在这个职位上尽职尽责，几乎把所有的精力都放在为国家财政的精打细算上。他的一位朋友为此专门送给他一本算术书，说这本书对于他是再有用不过了。自 1522 年起，亨利八世连续对法国用兵，企图扩大在法国侵占的土地，自己充当法国国王，结果均无功而返。巨大的军费开支使莫尔更清楚看到了战争给国家带来的沉重负担，他明确表示为了国家的利益，希望和平而不是战争。

面对财政困难，为了将对法战争继续下去，1523 年 4 月，亨利八世召开了十四年来的第一次议会，旨在通过征收战争税的法案。当时主持朝政的是亨利八世的宠臣红衣主教、大法官沃尔西（Thomas Wolsey）。沃尔西出身低微，曾在牛津大学受教育，当过亨利七世的私人牧师，因其精明能干而受到亨利八世的重用，是英国外交政策的主要制定者和执行者。会议开始时，在沃尔西的陪同下，国王亲临会场。会议的第一项议程是选举议长。在议会中，议长的职责不仅仅是主持会议，更重要的是代表议会向国王转达议员们的意见，因此被称作“议员的喉舌”，而他转达意见时的倾向性和轻重取舍，能极大影响那些意见的性质和国王的判断，由此可见这个职位的重要性。鉴于莫尔的公正、机敏和稳重，议员们推选他为议长，并得到国王和沃尔西的首肯。

莫尔并不愿意担任这个职务，他向国王请免，但国王不允。莫尔在不得不接受这个职务后，向国王做了一个陈述。在陈述中莫尔有许多过谦之词，比如他声称因为自己的能力有限，如果在履行议长职责时有所疏误，恳请国王的谅解并给予改过的机会等，但其中真正有力量的话却是他对议会中言论自由的伸张。而面对一个专制君主，这种伸张不但需要巨大的勇气，而且需要足够的智慧。莫尔采取的办法是将议会的言论自由和议员的履行职责与维护国王的决策和利益联系起来，以证明言论自由的合法性和必要性，并促使国王认可。

莫尔对国王说：议会是根据陛下的旨意召开的，议员们是按照通常的方式任命的，他们各自对公共事务提出自己的意见和建议；这些人来自四面八方，是根据陛下的建议和颁布的法令而遴选出来的最有谋略的人，他们来此与会得到人们的尊敬。因此毫无疑问，这届议会不折不扣是智者和政治家的聚会。不过，要知道，这些人并非人人都有同样的智慧，也并非同样善于言辞，华丽的词句常常掩盖着愚蠢的意见，粗鲁的言语很可能包含着真知灼见；而且人们往往注重所说的内容，而不是说话的方式，即使说出的意见也有改变的可能。凡此种种，由于议会处理的是有关王国和王室的重要事项，许多议员对如何发表他们的意见和陛下如何看待这些意见心存疑虑和恐惧，于是只能保持沉默，一言不发。要使他们大胆地提出他们的意见和建议，就必须消除他们的一切疑虑和恐惧。在这方面，人们对陛下寄予厚望，因为陛下的宽厚仁慈是众所周知的。由于事情的重大和臣民对陛下的天生敬畏，要消除议员们的疑虑，使他们满意，希望陛下能给每位议员以最慷慨的自由和宽恕，允许他们凭自己的良心说话，在每一件事情上都畅所欲言。而且不论他们说了什么，陛下都能从善如流；不论他们的话多么不中听，都能认为是出于好意，是为了王国的利益、王室的荣耀和社稷的繁荣着想，是恭顺的臣民出于尽忠尽责之心而最想说出的话和最想祈求的事情。不论国王心里如何感受，莫尔的一番慷慨陈词确实为议员争得了一些言论自由的权利。

沃尔西亲临议会推行征税计划。他向议会陈述与法国开战的理由，要求议会通过八十万英镑的税收法案，以支付战争开销。也就是说，每个英国人要为此支付自己财产的五分之一，即每英镑征税四先令。这个税负太沉重了，理所当然地被议会否决，并要求减少税额。沃尔西对此十分不满，他不但拒绝了议会的请求，还亲自到议会敦促通过他的税收方案，甚至专横地要议员们依次表态。议员们用沉默来抗拒，因为按照惯例，当国王或其代理人征求议会的意见时，应当由议长来代为转达，议员个人没有必要单独表示自己的看法。沃尔西见状，于是要莫尔来回答。莫尔不卑不亢，从容作答。他首先为议员们的沉默做了辩解，说虽然他们都是王国中最聪明、最博学的人，但沃尔西这位贵人的到来仍使他们诚惶诚恐，难免糊涂起来。然后，莫尔话锋一转，用大量证据表明，要议员个人做出回答是不适宜的，也与议会历来的自由传统不符合。最后，莫尔用一番话巧妙地拒绝了沃尔西要他表态的要求。他说，尽管他是议员们的代言人，但他们并没有将他们的智慧都装入他一个人的脑袋里，因此他独自回答如此重大的问题是不适宜的。沃尔西对莫尔的回答十分不满，愤然起身，拂袖而去。几个月后，议会通过了一个大打折扣的征税法案，将每英镑征税四先令减为三先令，将一次缴纳改为几年内分期缴纳。议会结束后，莫尔在皇宫的走廊里遇见了沃尔西，沃尔西愤愤地对他说：“我让你当议长的时候，你要是在罗马而不是在这里就好了。”莫尔早就有去罗马游历的愿望，而且尽人皆知，于是他随口回答道：“大人，您并没有被冒犯，因为我也但愿如此。”沃尔西哑口无言。

英国的对法战争并未取得英王期盼的胜利，而是陷入了僵持不下的消耗战。1525年年初，法国为争夺对意大利的控制权与西班牙在意大利的帕维亚的战斗中失败，法王法兰西斯一世被俘。英国是西班牙的盟国，亨利八世决定派使节去西班牙商议对法国战败后的安排。沃尔西为了排除异己向国王建议派莫尔前往，而莫尔对当时欧洲各国之间的争霸不感兴趣，更不愿意参加一次以宰割战败者为目的的会谈，于是他以对西班牙无好感相推辞，称如果派他去西班牙无异于将他送进坟墓。

从亨利八世的战争狂热中，莫尔看清了国王的贪婪。一次，国王在傍晚时亲临莫尔的家中共进晚餐，饭后用手臂揽着莫尔的脖颈在院中散步。国王走后，莫尔的女婿罗珀羡慕地对莫尔说：“国王与你那么亲近，你多幸福啊！”莫尔回答说：“孩子，感谢我们的主，我确实知道国王陛下是非常好的君主，我相信他特别宠爱我，如同宠爱这个王国中的任何一位臣民。不过，孩子，我可以告诉你，我没有任何理由为此而骄傲，因为如果用我的头能够为他赢得法国的一座城堡的话，他是不会不干的。”

帕维亚之役后，英国对西班牙势力的大增感到担心，转而支持法国在意大利继续与西班牙对抗。可是法国一直无法在战场上取得胜利，战争陷入胶着状态。于是法国与西班牙在法国的康布雷举行谈判，试图结束战争。英王生怕法国和西班牙单独媾和，将英国撇在一边，损害英国的利益，于是急忙派使节赴康布雷参加谈判。莫尔与伦敦主教滕斯托尔（Tunstall）担当了此任。莫尔非常重视这次出使，他全力履行职责，希望为欧洲的和平作出贡献。1529年8月，法国和西班牙签订了康布雷和约。在莫尔生前写下的《墓志铭》中，这次出使是他唯一提到的一次公务活动，他为“基督世界恢复渴望已久的、为上帝认可并使之成为永恒的和平”而欢欣鼓舞。尽管莫尔所希望的“永恒和平”只是一个梦想，但在他在世之时，英国确实没有卷入新的战争。

三、英国大法官

在莫尔心中，康布雷和约的签订是他的国务活动中的得意之笔，但对沃尔西来说，却是他失势的不祥之兆。因为沃尔西极力推行利用法国来对抗和削弱西班牙的政策，这个和约宣告了他的政策的破产。不过，最终使沃尔西失去国王的信任，从大法官的宝座上跌落下来的却是因为他对国王离婚案的办理不力。

亨利八世与王后凯瑟琳的离婚案是亨利八世政治生涯中的重大事件。表面上看，这是国王个人的私事，实际上却是国际政治变化的结果。王后凯瑟琳（Catherine）来自西班牙的阿拉贡，是西班牙国王查理一世（神圣罗马帝国皇帝查理五世）的姨母，是亨利八世的兄长威尔士亲王阿瑟（Arthur）的遗孀。亨利八世与兄嫂结婚除了凯瑟琳的惊人美貌和出色才能（她曾是欧洲历史上第一位女大使，后被莎士比亚称为“世中女王之王”）外，无疑是为了与西班牙结好，共同对付宿敌法国。可是随着形势的变化，西班牙在屡次战胜法国后实力强盛，傲视群雄，英国为了自身的利益，打算与法国修好，共同遏制西班牙的势力。这样一来，亨利八世与凯瑟琳的婚姻就成为实现这一计划的重大障碍，他必须选择与凯瑟琳离婚，与法国王室联姻。离婚的另一个重要原因是亨利八世与凯瑟琳婚后没有男性子嗣，在尚无女性继承王位先例的情况下，这对王位的顺利继承和国家的稳定是十分不利的。而恰在这时亨利八世又与王后的侍女安妮·博林（Anne Boleyn）陷入情网，欲与其结婚生子，这使得他与凯瑟琳的离婚变得十分迫切。

亨利八世娶兄嫂为妻是经过前任教皇朱利叶斯二世特许的，如果要离婚，必须由现任教皇克莱门特七世宣布婚姻无效，只有这样才能使离婚符合教会的法律。为了寻找离婚的理由，亨利八世声称在读《圣经》时注意到娶兄弟遗孀是违背上帝意志的，他还向包括沃尔西、莫尔在内的宗教权威人士咨询其婚姻的合法性，但没有取得一致意见。沃尔西受命向教皇斡旋批准亨利离婚一事，可是这时的教皇完全在西班牙的控制之下，根本不可能批准这个不利于西班牙的请求。教廷一再拖延对亨利八世离婚的判决，使之变得遥遥无期。亨利八世迁怒于身兼教皇代表的沃尔西，又由于沃尔西本人树敌过多，施政时横征暴敛，生活奢华，民怨很大，他垮台的命运就不可避免了。1529 年 10 月，沃尔西被剥夺了一切官职和财产，只保留了约克主教一职。一年后，他在赴伦敦受审的途中病死于莱斯特。

谁来继任大法官？亨利八世对教士心怀疑虑，不允许神职人员担任这个职务，于是在议会中威望很高的莫尔就成了不争的人选。而且自 1525 年起，莫尔就担任兰开斯特公国的大法官（Chancellor of the Duchy of Lancaster），对履行大法官一职不乏经验。虽然莫尔不愿意担任这个职务，但在国王的严令下不得不从命，而且国王许诺在离婚问题上“不干扰”莫尔的良心。1529 年 10 月 25 日，莫尔从国王手里接过国玺，第二天在威斯敏斯特的王宫里宣誓就职，成为英国历史上第一位由俗人担任的大法官。他的议长职务则在几天后举行的议会上被新选出的议长取代了。

在就职典礼上，诺福克公爵（Duke of Norfolk）代表国王发表讲话，对莫尔以往的政绩和担任大法官的能力给予高度评价。莫尔在答词中首先感谢国王和众人的信任和赞誉，表示将努力恪尽职守，然后他将脸转向大法官的座位说道：“当我看到这个座位，想到在我之前坐在这个位子上的那些伟人的时候，当我想到最近曾坐在那里的那个人，我完全有理由认为，这个崇高职位是很不牢靠的，这个荣誉并不是我喜欢的，就像很可能也不为别人所喜欢一样……我所承担的职务充满了劳累和危险，没有真正的荣誉可言，而且地位升得越高，恐怕会跌得越重，我的前任就是前车之鉴。起初我确实有些犹豫，要不是陛下的支持和诸位的好意使我振作精神，那么这个位置对我来说绝不是一件乐事，就如同达摩克利斯头上悬挂的那柄利剑对他不是一件乐事一样。”

作为英国大法官，虽然莫尔拥有仅次于国王的极大权力，掌管国玺，处理重大国事，但受理诉讼、审判案件仍是他的日常工作之一。通常他每天下午公开坐堂，凡是要打官司的人，都可以直接去见他，当面陈情。莫尔总是亲自阅读卷宗，审理案件，作出判决。由于莫尔精通法律业务，对案件的处理既迅速又准确，甚至连十几年的积案也得到了结。更重要的是，莫尔一贯秉公办案、不徇私情，这在当时是众所周知的。伊拉斯谟称他是“一位高尚、正直的法官”，这话绝非虚言。他的亲友在与人打官司时，发现根本得不到他的偏袒。有一次他的女婿在诉讼中要求得到不恰当的好处，莫尔根据案情本身的是非曲直，做出了对女婿不利的判决。他还要求在亲属和友人陈述时必须有他人在场，以免营私舞弊。他说：“如果我经手的诉讼双方要求公正的话，那么，即使我的父亲为一方，魔鬼撒旦为另一方，撒旦的诉求是有理的，公正就属于撒旦的。”

莫尔断案很机智，世间流传着不少有关的逸事。有一则故事说，莫尔的妻子艾丽斯喜欢小狗，有一个人从一个穷妇人那里偷了一只小狗送给她。这个穷妇人看到这只小狗在艾丽斯·米德尔顿那里，就上前讨要，于是两人发生了争执。莫尔将两人传唤到大堂，让她们分别站在大堂的两端，莫尔将狗抱在怀里，站在两人之间。他要两人各自呼唤这只狗的名字，结果这只狗向穷妇人跑去。于是，莫尔判定这只狗是穷妇人的。然后，他又给了穷妇人一个法国克朗，希望她将狗赠给艾丽斯。穷妇人为莫尔的话和施舍所感动，于是将狗赠给了莫尔的妻子。

尽管国王许诺在离婚问题上“不干扰”莫尔的良心，莫尔对这件事也敬而远之，但它毕竟是当时最重要的“国事”，至少他不可能对之完全无动于衷。在个人感情上，莫尔对王后凯瑟琳抱有好感，不止一次地表示过对凯瑟琳的赞赏。更重要的是，莫尔一贯对欧洲教会的统一、和谐抱以厚望，因此他不怀疑教皇有批准亨利八世与其兄嫂结婚之权，更不赞成亨利八世违背教皇的特许与皇后离婚。但他也知道，他对这件事的态度很重要，因此在他任大法官之前国王征求他的意见时，他都以未处理过此类事情为由推托。一些贵族给教皇写了一封信，要求判决国王的婚姻无效，当时的大法官沃尔西也在信上签了名，莫尔却拒绝签上自己的名字。此前曾根据建议就国王离婚一事在欧洲各大学做过民意调查，其意见大都认为国王离婚合法，莫尔迟迟没有披露调查的结果。莫尔任大法官后，在国王的严令下，莫尔分别向上议院和下议院宣布了调查的结果，然后他发表讲话，说明国王要求离婚不是出于移情别恋，而是出于“良心”的不安。很明显，莫尔的话只是表达了国王的意思，而且作为大法官，他也只能按照国王的授意说话。当有人问他自己的观点是什么时，莫尔闪烁其词地说，他的观点国王已经明了，他“无可奉告”。尽管如此，与许多人公开赞成国王离婚相比，莫尔的谨言慎行恰恰表明了他的反对态度。甚至西班牙国王查理一世也了解到莫尔的倾向，专门给莫尔写信示好，但莫尔拒绝接受他的信件。他对查理一世的使节说，他接受这样的信件是不明智的，因为那将使他与国王谈论离婚之事时无法像通常那样大胆和自由，而且不论从哪方面说，对他都是性命攸关的。因此，即使他接受了查理的私信，也会毫不犹豫地交给国王。

亨利八世对离婚案迟迟没有进展失去了耐心，于是下决心与罗马教廷决裂，自己做英国教会的首脑，自己决定自己的事情。这样做除了离婚问题可以顺利解决外，还可以得到多方面的好处。首先，英国在国际事务中可以不再受制于罗马教廷，在过去的年代，英国已经为教廷承担了过多的义务。其次，与教廷决裂，将英国教会纳入王权的管辖之下，不但有利于加强国王的地位，也可以免除英国教会向罗马教廷的纳贡，将大笔财富统揽在英国王室的手中。1529 年 11 月，莫尔就任大法官后的新一届议会，就是在国王的这一授意下召开的。

这次议会在历史上被称作“改革议会”（Reformation Parliament），一直延续到1536年。它最初的任务是解决国王的离婚合法性问题，而后则将英国教会的彻底改革作为目标。英国的教士们站在罗马教廷一边，反对国王离婚再娶。国王无法容忍教士们反抗他的意志，在他的授意下，议会首先将教士当作了抨击的目标。迫于国王的压力，教士们不得不承认犯了蔑视王权、擅行教皇司法权之罪，答应向国王赔偿近十二万英镑。但国王并不以此为满足，而是要教士们承认他是“英国教会和教士的唯一保卫者和最高首领”。教士们有条件地屈服了：承认国王是英国教会最高首领的地位，但加上了“在基督的法律允许的范围内”的限制词。不过，事情并未就此结束，议会经过休会再启时，议员们对教士的攻击更加不遗余力，教士们也步步顽抗，拒不妥协。国王为此大为震怒，1532年5月11日，他召见议长和其他十二位议员说：“我们曾经以为，我们王国的教士完全是我们的臣民，但我们现在清楚地看到，他们只是我们的半个臣民，甚至算不上是我们的臣民。因为所有的高级教士在他们的任职仪式上对教皇的宣誓，都明显有悖于对我们的宣誓，所以，他们似乎是教皇的臣民，而不是我们的臣民。”5月15日，在国王的威胁下，教士们彻底向国王投降，接受了国王的所有要求，于16日签署了《教士服从书》（*the Submission of the Clergy*）。同日，莫尔辞去了大法官的职务。虽然他自称是由于健康不佳，但其真实原因显然是出于对国王强迫英国教会接受他为最高首领的不满。

辞去大法官的职务使莫尔失去了主要的生活来源，他的身体状况也不适于重操律师旧业，莫尔一家的生活仿佛一夜之间从天上掉到地下，立刻变得窘迫起来。罗珀回忆了莫尔辞职后对家人说的一段话："我在牛津大学、新法学院、林肯法学院受过教育，还在国王的宫廷等处从最低层任职到最高层。可是，我现在每年的收入只有一百英镑多一点。所以，如果我们愿意生活在一起的话，我们今后必须同舟共济。但根据我的意见，我们一开始就将生活水平降到最低并不是最好的做法：因此我们不要将生活降低到牛津时的水平，也不降低到新法学院时的水平，我们从林肯法学院时的饮食水平开始，在那里，我们圆满地度过了多年有尊严的美好生活；如果我们发现在第一年无法维持这样的生活，那么，我们就在第二年将生活降低到新法学院的水平，一个正直的人对那里的许多方面都是很满意的；如果这样的生活我们也无以为继，那么，我们下一年就将生活降低到牛津的水平，许多严肃而博学的古代教父对那里一直很熟悉；如果我们的能力连这一点都做不到，那么，我们可以拿着布袋和钱包一块去乞讨，在每一个人门前唱《圣母经》，希望有好心人可怜我们，给我们以施舍，而我们仍然快乐地相依为伴。"

教士们向国王屈服一年后，1533 年 5 月 23 日，坎特伯雷大主教托马斯·克兰麦（Thomas Cranmer）在邓斯特布尔修道院（the Covent of Dunstable）宣布亨利八世与凯瑟琳的婚姻无效。五天后，又宣布亨利八世与博林的婚姻有效。6 月 1 日，博林在威斯敏斯特大教堂加冕为王后。莫尔被邀请出席加冕典礼，并给他送去了购置礼服的资金。莫尔收下了资金，但拒绝出席典礼。

第 4 章

莫尔与宗教改革运动

当亨利八世不顾教皇的圣意，执意离婚再娶；当他把英国的教会大权独掌在自己手中，摆脱教廷的控制，他与罗马教廷的决裂就不可避免了。1534 年 3 月，教皇克莱门特七世宣布亨利八世与凯瑟琳的婚姻有效，亨利八世与博林的婚姻无效，并将亨利八世开除教籍。由亨利八世的离婚案引发了一系列关于英国教会作用的变革，史称英国宗教改革。与当时欧洲正在发生的整个宗教改革运动相比，虽然它只是一个局部事件，但对于英国后来的社会政治发展有着极其深远的影响。而莫尔一开始就深深卷入了这场运动，并直接或间接地决定了他的最后命运。

一、宗教改革运动

欧洲的宗教改革运动开始于 16 世纪初，其矛头直接指向作为封建社会精神支柱的罗马天主教会。宗教改革运动的发生有多方面的原因。在深层次上，它是随着新兴资产阶级的兴起而在思想、政治和社会领域对教会腐朽势力的一次全面反抗，是一场广泛而深刻的社会变革，其结果是为新兴资产阶级的进一步成长壮大创造了条件。在表层上，它是由于天主教会的腐化堕落，激起广大僧俗群众的普遍不满和愤怒而引发的。按照《圣经》所说，教会是由耶稣基督的信仰者组成的团体，教皇是教会的首领，是“基督在世的代表”。信徒加入教会，是为了通过教皇和各级教士的引领，接近上帝，得到拯救和永福。然而，教会的后来发展却呈现出一幅愈益腐化堕落的历史图景。尤其是15世纪下半叶以后，罗马天主教会的腐败、贪婪和欺诈达到了无以复加的程度。其中以教皇为首的高级教士为了搜刮钱财满足自己的穷奢极欲，以灵魂拯救为诱饵，向信徒兜售名目繁多的“赎罪券”，给广大信徒造成了沉重的经济负担，也成为罗马天主教会的最大丑闻。宗教改革运动的导火索就是由德国人马丁·路德反对教皇利奥十世在德国销售赎罪券而点燃的。

马丁·路德（Martin Luther，1483~1546）生于德意志的埃斯莱本，曾就学于莱比锡大学和埃尔福特大学，后来进入奥古斯丁修会的埃尔福特修道院当隐修士。从1512年起，他任维滕贝格大学的“圣经”教授。出于对罗马教皇和美因茨大主教相互勾结出售“赎罪券”的不满，1517年10月31日，路德在维登堡大教堂的门上贴出了《九十五条论纲》，围绕教皇贩卖“赎罪券”的行径，对相关的神学理论提出了质疑。尽管路德在当时并未想公然反对教皇，《九十五条论纲》的语气也相当温和，但他对教会权威的挑战立即在德国各地引起广泛的反响，而后随着事态的发展，其影响又扩展到西欧其他诸国，成为引发宗教改革运动的标志性事件。在教廷的迫害下，路德与教廷的矛盾迅速激化。1520 年，路德连续发表了几篇论文，尖锐批评了教会的腐败，阐述了他关于改革教会的种种主张，矛头直指罗马教皇及天主教会制度。同年 10 月，教皇发布通谕将路德开除教籍，路德当众焚毁“教皇通谕”和教会法典等著作以示抗争。在路德的影响下，德国的宗教改革运动如火如荼地开展起来。

路德改革教会的要求并非偶然，实际上由于罗马教会长期以来的倒行逆施，改革教会的呼声由来已久。从思想来源上，宗教改革运动的酝酿可以追溯到更早，英国的约翰·威克利夫（John Wyclif，1324~1384）、捷克的约翰·胡司（John Huss，1369~1415）等人都可以看作它的先驱，他们都从理论和实践上提出了改革天主教会的主张。在时间跨度上，宗教改革运动是在文艺复兴时期发生的，因而与人文主义思想也有千丝万缕的联系。如前面所说，许多人文主义者本身就是“基督教改革者”，他们通过“译经”“注经”活动反映自己的宗教观点，批判教会的腐败和宗教迷信的荒谬，主张恢复早期教会的纯朴生活。宗教改革运动的发起者不同程度地受到这些人文主义宗教思想的影响，路德就从伊拉斯谟对教会的批判中受到启发，并将伊拉斯谟的拉丁文《圣经·新约》译成德文，使之成为德国信徒进行宗教改革的思想武器。

二、莫尔与路德的论战

前面所述，都是为了说明莫尔在宗教改革运动中的表现而作的准备。作为真诚的人文主义者，莫尔痛恨教会的腐败，反对愚昧和迷信，主张宗教与理性的和谐，将推广《圣经》新译本作为唤起教徒觉悟，恢复教会纯朴生活的手段。但在如何改革教会的问题上，他同伊拉斯谟一样，反对与教皇彻底决裂，主张用温和的手段革除教会弊端。因此，当路德与教廷的冲突开始激化，并逐渐演变成激烈的社会冲突和战争时，许多主张温和观点的人文主义者都站到了路德的对立面，伊拉斯谟和莫尔就是其中最有影响的人物。不过两人的特点有所不同：伊拉斯谟一直是一位主张超脱世俗政治的思想家，当他因无法接受路德的主张而撰文反对时，其着眼点主要是思想和理论层面的，态度也相对温和；而莫尔则不同，他是以思想家、政治家、朝廷高官、虔诚的宗教信仰者等多重身份参加到与宗教改革派的论战中来的，因此他在同宗教改革派进行神学争论的同时，更能从英国社会的现实来考察宗教改革的后果。比如，他看到，与德国自下而上发起的宗教改革运动不同，英国的宗教改革是自上而下进行的，它更多代表的是上层世俗统治者的意志，并没有考虑到下层劳动群众的实际利益。后来的事实也证明，英国通过宗教改革所剥夺的教会财产（包括大量的地产），大多流入了世俗统治者和新贵族的腰包，国库空虚的状况并没有得到根本改善，下层群众仍生活在极端贫困之中，大批被赶出寺院的僧侣加入穷人的队伍，更使他们的生活雪上加霜。而且，作为政治家和国家官员，莫尔从治国理政的全局出发，更关心如何维护罗马教会的思想权威和宗教传统，以避免德国由宗教改革引起的社会动乱在英国重演，因此他反对宗教改革派的立场要比伊拉斯谟激进得多、坚定得多。当然，他的官员身份也使他更多地受到政治环境的左右，尤其是国王对宗教改革的态度直接决定了他的命运。

起初，亨利八世坚决反对路德的主张。1520 年，路德写了《教会的巴比伦之囚》（*Babylonnish Captivity of the Church*），系统地批判了教会关于圣礼的观点。1521 年 5 月，亨利八世写了《维护七圣礼》（*Assertion of the Seven Sacraments*）进行反驳，还下令焚毁路德的书，并因而获得了教皇授予的“信仰捍卫者”的称号。亨利八世的文章显然不是他一个人写的，除了其他一些文人的参与外，莫尔也为这篇文章整理过材料。亨利八世在文章中极力抬高教皇的地位，对此莫尔并不同意。作为对教皇的作用持批判态度的人文主义者，当莫尔发现书中将教皇的权威不恰当地抬高了，并用很多证据为之辩护，就对国王说：“有一件事我应该提醒陛下，那就是，如陛下所知，教皇与你们一样也是一位君主，也可以与其他所有信奉基督教的君主结盟。以后可能会发生这样的情况：陛下与他可能在结盟的某些问题上意见不一，可能会因此发展成你们之间的不和与战争。因此我认为，最好将文中这个地方修改一下，对教皇的权威少提为佳。”国王没有接受莫尔的劝告，反倒说，不论受到何种阻碍，都要将教皇的权威推到极致，因为我们是从教皇那里得到我们的王冠的。

路德不甘示弱，1522 年 7 月，他著书反驳亨利八世，里面充满了谩骂之词。鉴于与路德互骂有损国王的尊严，于是，莫尔从国王手里接过了与路德的争论。1523 年春，莫尔用拉丁文写了《答路德》（*Responsio ad Lutherum*）一文，发表时用的是威廉·罗斯（William Ross）的笔名。在文中，莫尔全面支持亨利八世《维护七圣礼》中的观点，并且利用自己在古典文化和神学方面的深刻造诣，作了进一步的发挥。

路德认为，人对上帝的信仰不在于做了多少善行和事功，而在于人从内心与上帝沟通；只要人达到对上帝的虔诚信仰，就可以在上帝面前“称义”，即成为得到上帝救赎的人。能使人达到对上帝虔诚信仰的只有《圣经》福音的权威，教会的各种礼仪或善行都是外在的、多余的，对于人的信仰没有决定作用。因此他宣称只有洗礼、圣餐和告解三项圣礼可以得到认可(后来他将告解也排除了)，其他圣礼都不应存在。而且这三项圣礼的功效只能通过对上帝的信仰才能起作用。这就是路德著名的“因信称义”教理。

莫尔对路德的观点进行了反驳。他说，对上帝的虔诚信仰并非只有《圣经》福音这个唯一来源，他引用《圣经》上的经文证明，上帝的许多旨意并没有被记载下来，因此完全以《圣经》上是否有记载来确定上帝的旨意是不全面的。他进而指出，许多由圣徒口述的传说和古代教父留下来的箴言，以及由历代教会形成和沿袭的宗教圣礼，同样代表了上帝的旨意，也可以是信仰的来源，并在长期的宗教活动中为全体基督徒一致接受和实行。这些传说、箴言和圣礼之所以是神圣的、可信的，是因为有圣灵的保证和指导，正如《圣经》中所说，圣灵始终与教会同在。路德将《圣经》中不包括的传统信条和仪式排除掉，是对上帝的不敬和对教会传统的亵渎。他还讽刺路德的观点说，如果人的行为的善恶完全取决于是否有信仰，那么怀有信仰的人干出的任何坏事就都成为可称赞的了。

路德把《圣经》看作信仰的唯一源泉，与此相联系，他也把《圣经》中规定的神法看作社会中通行的唯一法律，而将其他一切世俗法律都看成是不必要的或不公正的，甚至认为只要靠宗教的仁慈和博爱就可以治理好国家。莫尔从他的法学理念和实践出发，反驳了路德的观点。他认为若按路德所说的去做，社会行为就失去了法律的约束，法官就会根据个人好恶独断专行，其结果必定是社会的无序和混乱，人民的安全和自由也无法得到保证。

莫尔与路德关于罗马天主教会的性质和教皇地位的争论具有很强的现实性，因为它直接涉及如何对待罗马教廷和教皇的态度。路德从信仰高于制度的原则出发，认为教会应当是由上帝“选出”的对上帝有坚定信仰的一小群人组成，它的性质是由这个信仰所决定的，它本质上是精神性的，因此是“不可见的”；与此不同，现实中存在的罗马天主教会是在基督教的发展过程中形成起来的，它具有各种机构和制度的特征，因此是“可见的”，它本身并无福音或神意的根据。于是，他对“可见的”教会及其首领教皇的合法性提出质疑，认为教会不是神圣启示的载体，教皇也不能成为向基督徒传达福音的中介。

莫尔反对路德的观点，为罗马天主教会和教皇的神圣合法性辩护。他引用经文来证明教会是根据神的旨意建立起来的：据《圣经》的《马太福音》记载，圣徒彼得（Peter）原名西门（Simon），由于他首先承认耶稣是救世主和上帝之子，耶稣给他另取名为彼得（*意为“磐石”*），对他说：“我还告诉你，你是彼得，我要把我的教会建造在这磐石上，阴间的权柄不能胜过它。”莫尔就此重申了基督教神学中的一个传统观点：彼得是教会的第一位首领，后来的教皇都是彼得的继任者。他强调，上帝授予教皇以管理教会之权，是就这个神圣职位而言的，个别教皇的不道德行为不足以抹杀教皇的权威。莫尔反对路德关于教会是“不可见的”、由上帝“选出”的少数人组成的观点，他认为教会是在时空中存在的“可见的”东西，是“平民百姓”的教会，是包括善人、恶人和违反教规者在内的全体基督徒的“团体”（corps），他们都同意真正的天主教信仰，恶人和违反教规者可以在圣灵赋予教会的友爱中得到宽恕和帮助，从而走上正轨。从维护教会的历史权威出发，莫尔极力为教会的“传统”辩护。他认为教会是基督教信仰和实践的统一体，它的“传统”是有活力的、永恒的，《圣经》的福音就是通过教会的“传统”传达至今。莫尔明确认为，现实中的罗马天主教会就是这样的教会，它承担着向信徒传达神的启示，团结全体基督徒的神圣职能。而与教会同在的圣灵则保证教会永远是神圣的。

虽然莫尔与路德的争论充满了神学的词句和教理的论辩，但从中不难看出两人在宗教改革问题上的不同态度：路德宣扬“因信称义”，反对圣礼对信仰的作用，反对罗马天主教会和教皇的权威，就是要反对上层教士利用教会制度和宗教仪式对普通教徒的控制和对世俗生活的干预，赋予民众以更多的思想自由，从而消除教会的腐败和堕落。与此相比，莫尔的态度则显然保守得多：他处处维护神学的正统教义，为罗马天主教会的传统制度和教皇的权威辩护，反对正在兴起的宗教改革运动。莫尔的这个态度既与他的温和的基督教人文主义立场有关，也与他对罗马天主教会的现实作用的看法有关。在他看来，罗马天主教会是维护基督世界的团结、保持社会秩序和稳定、抵御以奥斯曼土耳其为首的异教势力侵犯的核心力量。他认为路德反对罗马教会和教皇的权威就是要将整个欧洲都拖入混乱和灾难的深渊，因此他坚决反对路德的改革教会的主张。他的这个态度也在他的文风中表现出来，在《答路德》的字里行间，处处可以看到对路德的讽刺、挖苦和谩骂，有些地方甚至歪曲了路德的观点加以攻击。

三、莫尔与廷代尔等人的论战

莫尔的批判并不能阻止路德学说在英国的传播，在英国出现了一大批路德思想的追随者，其中最著名的是格洛斯特郡的威廉·廷代尔（William Tyndale，1494～1536）。廷代尔曾就学于牛津和剑桥大学，后任神职传道。他受路德的影响，不但接受了路德的主要学说，而且仿照路德将《圣经》译成本国语言，先后将《圣经·新约》（1526）和《摩西五经》（1530）译成英文，在英国教徒中传播，受到热烈欢迎。他的译文成为后来英语《圣经》的基础，其中有些语句甚至成了英国人的日常用语，可见其影响之大。廷代尔还发表了一些宣传宗教改革思想的著作，其中《关于邪恶之财的寓言》（*The Parable of the Wicked Mammon*）和《论基督徒的服从》（*The Obedience of a Christian Man*）最为著名，前者论述了路德派“因信称义”的教理，后者阐明了基督教徒应当无条件服从世俗君主的主张。

廷代尔等改革派的活动引起了英国教会的恐慌，伦敦主教滕斯托尔将廷代尔的英文《圣经》等书籍列为禁书，下令焚毁。为了从思想上清除改革派的影响，早在莫尔任大法官之前的1528年3月，滕斯托尔就要求莫尔读廷代尔等人的书，以便进行批判。为此，莫尔写了《关于异端邪说的对话》（*A Dialogue concerning Heresies*），于1529年出版，1531年修订再版，系统地批判了廷代尔的观点。为了使书的内容更容易为普通读者所理解，莫尔虚构了他与一位友人之子的家庭教师的对话，这位教师具有宗教改革派的思想倾向，受那位朋友的派遣，作为"信使"（Messenger）与莫尔讨论他所困惑的宗教问题，而莫尔则想方设法使他认清宗教改革派观点的荒谬。由于廷代尔的宗教改革思想主要追随路德，并无太多新意，因此在这部书中，莫尔将他对路德的批判作了发挥，用在了廷代尔身上。

鉴于廷代尔翻译的英文《圣经》对英国民众有很大影响，莫尔用了大量篇幅讨论《圣经》的翻译问题。莫尔承认将《圣经》译成本国语言的重要性和必要性，因为这正是人文主义者所追求的，但他将人文主义者的翻译《圣经》与宗教改革者的译经活动区分开来。他认为，对《圣经》的翻译和诠释不能脱离教会的权威，因为教会对《圣经》的解释真正体现了上帝的真理。人文主义者对《圣经》的翻译和诠释是要修正原来对经文的不正确理解或迷信，恢复《圣经》的本来真理，最终达到维护教会权威的目的，而廷代尔翻译《圣经》完全是为了宣扬异端邪说，破坏教会的权威，煽动教徒与教会对抗。莫尔从廷代尔的英文《圣经》中找出一些关键词的不同译法进行分析，指出廷代尔的目的就是要通过歪曲《圣经》的本来意义为宗教改革派的思想张目。比如，廷代尔用"爱"（love）一词来翻译"仁爱"（charity），就把人对上帝的"崇高的"爱与人世间的自然之爱混淆了，人世之爱可以在一定条件下成为恶的，而

“仁爱”却是超自然的，它不但在精神上使人与上帝联系起来，而且还要求人有“善行”。廷代尔用“爱”来翻译“仁爱”，就将人的“善行”排除了，进而声称只要有“信仰”就可以使人得救，而这与路德“因信称义”的教理是完全一致的。正因如此，莫尔认为廷代尔的《圣经》译文错误百出，不可救药，他自己引用的经文都是根据伊拉斯谟的译本。

针对路德派改革家将“福音书”的字面意义当作信仰的唯一根据，反对教会传统和经外教义对形成信仰的重要作用，莫尔强调在解释经文的意义时应当采用理性的方法，即将古代文化的理性传统、古代教父的研究成果、天主教的基本教义联系起来进行分析，从而确定经文的真正含义。当那位“信使”提出理性是信仰的敌人，不能用来解释经文时，莫尔阐明了他对理性与信仰关系的看法。他认为理性和信仰不是对立的，但也不是平起平坐，而是前者服从于后者。他说：“理性是信仰的仆人，而不是敌人。”莫尔的这个思想表明，尽管作为卓越的人文主义者，他充分尊重人类理性在信仰活动中的作用，但在很大程度上仍然没有摆脱正统神学观点的束缚，他还不能像后来的启蒙主义者那样高擎理性的旗帜，将一切信仰都放到理性的法庭上来检验。这不能不说是他的历史局限性。

1531 年，廷代尔发表了《对莫尔的〈对话〉的答复》(*Answer to More's Dialogue*)，依据路德派的基本学说，反驳了莫尔的观点。莫尔则写了《驳廷代尔的答复》(*Confutation of Tyndale's Answer*) 予以还击。该书动笔于莫尔在大法官任上的 1531 年夏，完成于他退隐以后，是他一生中写下的篇幅最大的一部作品。全书分两部分，第一部分发表于 1532 年，第二部分发表于 1533 年。在书中，莫尔详尽批驳了廷代尔的观点，其写作风格犹如一位律师在法庭上发表辩词，严密细致而不遗余力。不过，在莫尔写这部书时，英国的宗教改革趋向已经十分明显，莫尔对形势发展的悲观情绪也在书中流露出来。

《驳廷代尔的答复》的篇幅冗长，但其基本观点都是莫尔此前批判路德和廷代尔时说过的，只不过作了更全面、更深入的阐释和发挥。莫尔是有从政经历和身居高位的政治家，虽然他与廷代尔的论战充满了神学色彩，但他考虑问题的真正出发点是政治上的，其中关于教会的性质和地位，教会与世俗政权和社会稳定的关系，臣民对教会的态度等是他所关心的核心问题。

廷代尔追随路德，认为早期的教会是由真正具有虔诚信仰的一群人组成的，它实质上是精神性的，因此是“不可见的”。而现实的罗马天主教会是以各种“可见的”制度和仪式为基础的，它要求教徒盲目服从和履行这些制度和仪式，于是不可避免地导致教会上层的为所欲为和腐败堕落。莫尔反对廷代尔的观点，认为教会是由上帝最初创造的，在圣灵的指导下发展的，罗马天主教会由此获得了它的合法性。教会不但有内在“不可见的”精神力量，也有外在“可见的”制度和仪式，两者不可分割地联系在一起。而且这些制度和仪式是根据上帝的旨意建立起来的，对于一个完整的神圣教会，这些制度和仪式是必不可少的。针对廷代尔关于教徒不应施行圣礼，除非他完全理解圣礼的目的和意义的说法，莫尔指出，这实际上是不可能的，因为上帝的意图和目的已经超出了人的理解力，对于真正的基督徒，应该无条件地接受和施行这些仪式，而不是对之质疑。在此他再次强调，理性是信仰的仆人而不是敌人，理性必须服从信仰，与信仰一致。

关于教会和圣经的关系是莫尔与廷代尔争论的又一焦点。廷代尔认为《圣经》有至上的权威，任何人都可以通过自己阅读来理解它，不需要教会来作出解释，因此在信仰的问题上，教会的作用是不必要的。莫尔则认为教会是至上的，是由上帝亲自创立的，只有通过教会的解释，才能达到对《圣经》的正确理解，在此教会的权威是必不可少的。

廷代尔以教皇的腐败为理由反对教皇的权威，莫尔则坚持教皇权威的合法性。他明确将教皇个人的好坏与教皇之职的权威性区分开来，认为即使出现了坏的教皇，也不能否定和动摇教皇的权威。他将这个观点与他对整个社会政治生活的看法联系起来，他认为社会是一个由少部分人统治、大多数人服从而形成的系统，这种统治和被统治的关系是绝对的、不可或缺的，即使统治者犯了错误，民众也不能批评或反抗，任何这类批评或反抗都是不合法的。莫尔的这一观点令人费解，因为很难将它与他所主张的思想自由联系起来。不过，莫尔有他的理由，这个理由既是神学的，也是政治的。莫尔认为，上帝对世界有政治统治权，他将这个权力交给了世俗统治者，因此世上所有的世俗统治都是合法的，不论它采取何种形式，人们都必须毫不犹豫地服从。莫尔之所以极力为封建统治的合法性辩护，是出于他的一个基本看法，即任何对统治权威的破坏都会引起社会动乱，而任何社会动乱都是危险的，必须坚决避免。在他看来，即使一个社会制度是不好的，也要比没有任何制度好得多。莫尔用同样的观点看待教皇的权威，他认为，一个君主是坏人，并不意味着要废除一切君主；同样，一个教皇是坏人，也不等于要取消教皇的权威。

廷代尔认为教会是由上帝“选出”的具有真正信仰的人组成的，他们可以因上帝的恩典而得救，可是由于肉欲的引诱，这些人也会违反教规，那么，如何将他们与不具有真正信仰而恶意违反教规的人区分开来呢？廷代尔借用了路德的“预定论”，认为上帝已经“预定”了有真正信仰的人必定得救，没有真正信仰的人必定受罚，因此，即使有真正信仰的人违反了教规，也不会影响他最终得救，从而也不会玷污教会的圣洁。莫尔猛烈抨击了廷代尔的“预定论”，认为它的要害是否定人的自由意志，鼓励作恶，破坏道德。因为按照“预定论”所说，人的获救或受罚是上帝预先决定了的，人不论做任何事情都不会改变他的命运，这样一来，就等于取消了人的自由意志在道德行为中的决定作用，人可以做无数的好事而得不到报偿，也可以干尽坏事而不用对自己的行为负责。为了铲除“预定论”的毒害，莫尔反复论证了人的自由意志原理对于维护社会道德的重要性。他认为，人有自由意志，可以根据自己的意愿决定自己的行为，因此他就要为自己的行为后果负责。人是否得救或受罚，取决于他是否选择行善或作恶。人要获救，必须在上帝的仁慈和人的意志的正确选择下才能实现。显然，莫尔关于自由意志的论述既是为了反驳廷代尔的“预定论”观点，也是为了鼓励人们弘扬德行，多行善事，承担起社会的责任。

此外，还有一件事值得一提。1528 年，流亡安特卫普的英国宗教改革家西门·菲什（Simon Fish）写了一本抨击教会和教士阶层的书，名为《为乞丐祈求》（*Supplication for the Beggars*），并将其偷运进英国，广泛传播。这本书的篇幅不长，其中大量列举了英国教会和教士阶层的种种罪恶，比如，它揭露只占全国人口四百分之一的英国教士却占有全国三分之一的土地、十分之一的农牧产品和一半以上的财富；这些财富支撑和助长了教会的腐败，而将广大穷人抛入痛苦的深渊；它指责教会觊觎国家权力，凌驾于法律之上，试图与国王分庭抗礼，还将国家利益贩卖给罗马教廷；等等。菲什将这本书题献给亨利八世。他在书中建议国王应当剥夺教会财产以改进民生，迫使游手好闲的教士自食其力；他还明确警告国王，如果他不能满足穷人的需要，穷人就会造反。

这本书出版后没有几个月，莫尔就套用菲什的书名，写了《灵魂的祈求》（*Supplication of Souls*）一书进行反驳，而其篇幅竟是前者的十倍。莫尔的观点与菲什针锋相对，他除了指出菲什的统计数字不实，为教会辩护外，还着重强调菲什以替穷人说话为幌子，实际上是为了宣传异端邪说，蛊惑人心，破坏现存的教会制度，最终目的是为了制造社会动乱，将整个社会的财富据为己有。菲什在他的书中反对天主教教义中的炼狱说，认为设立炼狱，让有罪过的灵魂在炼狱中涤净罪过，然后升入天堂，是教会为了证明教士的祈祷有助于减轻炼狱中灵魂的痛苦而编造的；如果根本没有炼狱存在，教士们的祈祷就变得毫无用处。虽然菲什对炼狱的否定只说了寥寥数语，但莫尔却极为重视，用大部分篇幅予以驳斥。莫尔运用丰富的想象，声情并茂地描写了已故基督徒的灵魂在炼狱中经受的苦难，并借这些灵魂之口，乞求活着的基督徒为他们祈祷，以减轻他们在炼狱中的痛苦。在反对异端邪说的论战中，《灵魂的祈求》虽然不是莫尔的主要著作，但它所体现出的思想倾向与莫尔的其他著作毫无二致。

四、莫尔与异端

自从4世纪基督教被定为罗马帝国国教之后，就成为西方宗教的正统派别，而与之相对的就是各种所谓的“异端”。基督教分裂为东西两大教派之后，西派的天主教会一直对异端采取排斥、取缔和迫害的政策。尤其在13世纪天主教的鼎盛时期，对异端的镇压和迫害达到了登峰造极的地步，其重要标志就是在天主教内部广泛成立了“异端裁判所”，专门实施对异端分子的侦查、审讯和迫害活动。至16世纪，随着教会势力的衰落，教会对异端的迫害活动有所缓和，同时在人文主义和宗教改革思潮的影响下，社会上要求宗教宽容、反对迫害异端的呼声也逐渐高涨。这一形势对于处在反对异端邪说第一线的莫尔十分不利，指责他利用手中权力迫害异端的言论时有所闻。实际上，莫尔在世时，这些言论并无多大市场，因为莫尔一贯为官公正，秉公执法，有口皆碑，足以抵消对他的那些指责。而且莫尔敢于直陈事实，为自己的行为辩护，也起到了消除误解的作用。不过，当莫尔被处死后，在整个欧洲引发了抗议浪潮，情况就变了：英国当局编造了许多莫尔迫害异端的故事，广泛传播，把他说成是残暴的异端迫害者，以消除处死他带来的不利影响。尽管这时莫尔已经无法为自己辩护，但后来的考证表明，那些故事基本不实。

从思想上说，莫尔的确对异端抱以极端仇视和毫不妥协的态度。他在其著作中表示，异端破坏了基督教世界的和平，引起了叛乱和暴力，是社会动乱的根源，他还以1525年在德国发生的大规模农民战争来证明这一点。莫尔进而认为，教会对异端的惩罚和镇压是为了维护社会的安定，因此是完全合法的，是在受到异端干扰时进行的“自卫”行动。作为大法官，莫尔也声称，他的职责之一就是清除异端分子。他在自撰的《墓志铭》上写道：“在他履行高尚职责的过程中，他的所作所为既没有受到仁慈君主的指责，也没有使贵族反感，也没有使人民不快，他只是使盗贼、杀人犯和异端分子感到烦恼。”

尽管莫尔在思想上坚决反对异端，但在实际行动上，他对异端的态度却相当温和而宽容。有人指责莫尔任大法官时曾判处过异端分子，莫尔都予以否认，因为根据当时的法律规定，大法官无权审判异端分子，对异端分子的审判是教会和宗教法庭的事，即使处死异端分子，世俗权力也只是执行宗教法庭的判决。1533年，莫尔写了《辩解》（*Apology*）一书，为教会惩处异端分子的行为辩护，同时也反驳了对自己残酷虐待异端分子的指责。在书中他承认曾命令鞭打过两个异端分子，但强调那并不是针对他们的异端思想，而是针对他们的不当行为：其中一人将其思想传播给他人，另一人在公开场合偷窃妇女的项链。而且在莫尔任职期间，伦敦教区没有一个人是因为异端罪而被处死的。更值得一提的是，莫尔最得意的女婿罗珀也是支持路德观点的人，甚至在公开场合宣传路德派的主张。莫尔多次与他辩论，但始终说服不了他，只好默默地为他祈祷，希望上帝能使他回心转意。后来罗珀重新皈依正统，也与莫尔的帮助分不开。又如路德派教徒格林瑙斯（Grinnaus）是位学者，到英国研究希腊典籍，莫尔亲自接待了他，处处为他提供方便，并给牛津大学校长写信推荐他去那里收集资料，甚至承担了他在英国的全部费用。莫尔试图通过讨论改变他的路德派观点，但绝无强迫之意，这使格林瑙斯十分感激。直至莫尔死后，格林瑙斯对莫尔的情意仍念念不忘，将自己翻译的希腊哲学著作献给莫尔的儿子约翰，在题词中高度赞扬了莫尔的美德。莫尔在《辩解》一书中说，他憎恨异端的思想，但并不憎恨异端分子本人。从莫尔的言行看，这确实反映了他对异端的真实态度。

鉴于莫尔为反对异端、捍卫教会所作的努力，英国的教士们募集了四五千英镑送给莫尔作为酬谢。滕斯托尔劝莫尔将款子收下，说即使不为自己着想，也要为生活在贫困中的妻儿着想，但莫尔拒绝了。他说，收下这笔钱将有损于他的行为中的道德力量，他宁愿将这笔钱扔到泰晤士河里去，也分文不取。他还说，即使他的书都被烧掉，他的一切辛苦都付诸东流，只要能清除一切异端，他也心甘情愿。

第 5 章

《乌托邦》（一）

为了不打断对莫尔生平描述的连续性，我们从莫尔从政一直说到他与宗教改革派的斗争。现在我们应该回过头来详细说说莫尔的那部伟大著作《乌托邦》了。

一、《乌托邦》一书的概况

《乌托邦》（*Utopia*）一书的全名是《关于最完美的国家制度和乌托邦新岛的既有益又有趣的金书》。这里所说的乌托邦岛国实际上并不存在，只是莫尔虚构的一个国度。“乌托邦”一词的原文是由两个希腊词 ou（没有，无）和 topos（地方）组合而成的，意思是“没有的地方”或“乌有之乡”。由于莫尔的使用，“乌托邦”一词已经成为后来人们泛指空想的、不能实现的目标或愿望的代名词。莫尔在书中所用的许多人名、地名和其他专有名词都有这种虚构的性质，比如书中的主人公希斯拉德（Hythloday）的名字由希腊词“空话”和“善于谈笑取乐”组合而成，乌托邦的主要河流阿尼德河（Anyder）在希腊文中的意思是“无水之河”。用虚构的方式描述一个国家制度，在莫尔之前并非没有先例，其中最著名的当属古希腊哲学家柏拉图的《理想国》。作为人文主义学者，莫尔对柏拉图的《理想国》十分熟悉，他在《乌托邦》中也多次提到。所以，至少在文体形式上，莫尔的《乌托邦》受到《理想国》的影响是不容置疑的。伊拉斯谟也证明，莫尔对《理想国》中的许多思想是十分赞赏的。

《乌托邦》一书是莫尔1515年出使欧洲时开始写的。当时，身任伦敦市副行政司法官的莫尔在伦敦商界的推荐下，作为使臣被派往佛兰德参加英国与汉萨同盟的贸易谈判。一同前往的有他的朋友、后来的伦敦主教滕斯托尔和其他一些使馆官员。谈判在布鲁日举行，但谈判进行得很不顺利，原计划两个月的谈判，后来延长到六个月。利用谈判的间隙时间，莫尔开始写《乌托邦》，用的是各国学界通行的拉丁文。在国外时，他完成了该书的第二部分，回国后，又写了第一部分。第一部分主要是对当时欧洲（主要是英国）的社会现实的批判，第二部分占全书近三分之二的篇幅，主要是对乌托邦岛国的理想描述，也包括与乌托邦对比，对现实进行批判的某些内容。两部分合在一起，构成了一部既有对社会现实的批判，又有对理想制度构想的完整著作。两部分的文体有所差别：第一部分是对话，第二部分是平铺直叙。

至1516年9月，莫尔已经完成了《乌托邦》，并将文稿寄给了正在卢汶的伊拉斯谟。后在伊拉斯谟等人的帮助下，《乌托邦》于同年12月在卢汶出版。这本书一问世，就由于它的内容新颖别致，观点切中时弊而大受欢迎，很快于1517年在巴黎出了第二版，1518年在巴塞尔出了第三版。后来又连续不断出了多种版本，包括各种文字的译本。其中第一部英译本出版于1551年，译者是拉尔夫·鲁滨逊（Ralph Robynson）。据认为，这个译本最准确地表达了原著的思想，因此直至今日仍为人们广泛采用。

莫尔在《乌托邦》中倾注了他的全部社会理想，他认为乌托邦是他所能设想的最完美的社会制度，他甚至把自己也想象成乌托邦中的一员。在《乌托邦》出版前，莫尔曾给伊拉斯谟写信描述他的心情，他说他梦见自己已经被乌托邦人推举成为他们的国王，头戴麦穗编成的王冠，手持玉米作为权杖，穿着方济各会僧侣的袍子，接受外国使节的觐见。《乌托邦》出版以后，莫尔十分关心人们对它的评论，尤其是那些人文主义者和国务活动家们的看法。不出所料，这本书得到了普遍的好评。人文主义者们认为它正确指出了当今社会罪恶的根源，乌托邦是公正的社会制度的榜样；一些官员和政务活动家也将乌托邦的施政业绩看作在一个完美社会中政府行为的典范，有人甚至能将《乌托邦》背诵下来。当然，最为推崇《乌托邦》的是伊拉斯谟，他毫不掩饰对这本书的喜爱，并向人们极力推荐，说《乌托邦》把人带入了一个新的世界，无论花多少时间读它，都不会感到遗憾。

另一位喜爱《乌托邦》并与该书有着特殊关系的人是荷兰人文主义者彼得·贾尔斯（Peter Giles），他是伊拉斯谟的朋友，当时是安特卫普市的办事员。莫尔在谈判期间造访安特卫普，经伊拉斯谟的介绍与贾尔斯相识，并受到贾尔斯的热情接待，后来两人成为至交。在《乌托邦》出版时，莫尔将一封致贾尔斯的信放在正文的前面，作为序言。在信中，他谈到了写《乌托邦》时的情形，我们可以从中了解他所付出的辛劳。莫尔在信中说，因为忙于辩护、审案、裁决等法律事务，他几乎挤不出时间写作，“差不多整天时间都在外为别人的事牺牲了，剩下的时间用于我的家人。至于为我自己，即是说，搞学问，就一点时间也没有了……整日整月乃至整年便在以上所说的这些活动中消失了。那么，什么时候才找到空闲来写东西呢？我还一字未提到睡眠，甚至一字未提到吃饭。对许多人来说，吃饭所花时间不下于睡眠，而睡眠差不多消耗一个人的半生！因此，我所获得的仅有时间是从睡眠和吃饭偷来的。因此，我慢慢地（由于这段时间是不多的）但终于（由于这段时间还是有些顶用）完成了《乌托邦》”。

这封序言信还起到了烘托该书传奇色彩的作用。因为根据《乌托邦》一书所说，正是由于贾尔斯的引见，才发生了与旅行者希斯拉德的谈话，引出了关于乌托邦的种种故事。莫尔在信中煞有介事地大谈书中虚构的那些情节，就好像它们是真的一样。比如，莫尔要贾尔斯回忆一下希斯拉德所说阿尼德河上桥梁的长度，并对未曾问及乌托邦的地理位置而懊悔，最后还委托贾尔斯与希斯拉德联系，征求他对书稿的意见。而当时确有其人的贾尔斯丝毫没有否认这件事的真实性，反倒成为莫尔虚构情节中穿针引线的人物。由于莫尔的虚构如此逼真，致使当时许多人对这样一个岛国的存在确信不疑，竟向莫尔打听到乌托邦去的路径。

《乌托邦》的第一部分是以这样的情节开始的：莫尔赴佛

兰德参加贸易谈判，利用空闲时间去了安特卫普，与贾尔斯结识，相处甚宜。一日，莫尔做完礼拜返回住所，途中见贾尔斯与一外地老人谈话。那人的穿着像个海员，面孔晒得黝黑，胡须颇长。经贾尔斯介绍，莫尔得知那人名字叫拉斐尔·希斯拉德，葡萄牙人，精通拉丁文和希腊文，喜欢哲学。由于渴望周游世界，他加入了意大利著名航海家亚美利哥·韦斯普奇的船队。在最后一次航行后，希斯拉德没有同韦斯普奇一同返回，而是与其他二十四人留在航程终点的一座要塞上，然后又与其中几人继续游历，到过许多地方，最后辗转回国。乌托邦就是他曾经访问过的一个国度。在这里，莫尔巧妙地利用了亚美利哥·韦斯普奇的航海经历作为叙事的背景，非常有助于乌托邦故事的传播。15 世纪末 16 世纪初，为了推进商业扩张和掠夺海外财富，西方人开始热衷于海外探险活动，发现了美洲新大陆，实现了环球航行。韦斯普奇就是这些航海探险者中的佼佼者。他到达了美洲，并认定这不是前人所说的“东方”，而是一块新大陆。后来这块大陆以他的名字命名为“亚美利加”，即美洲。韦斯普奇还写了一本记述其航海经历的游记，风靡一时。莫尔将乌托邦的故事与韦斯普奇的探险活动联系起来，增加了叙述的传奇性和可信性。莫尔与希斯拉德相互致意后，三人一同来到莫尔住处的花园里坐下，进行了一番有趣的谈话，希斯拉德是当然的主角。《乌托邦》就是对这次谈话内容的记述。

不过，我们看这本书时必须记住，这个对话的场景是虚构的，莫尔是在借希斯拉德之口阐述自己的看法。在书中，尽管作为对话的一方，莫尔不时发表相反的意见，但希斯拉德的话才是莫尔真正想说的话。莫尔之所以这样做，是因为对话中有许多抨击社会现实的激烈言辞，他所构想的乌托邦岛国也与现存的国家制度完全不同，莫尔用这种虚构的对话方式，巧妙地将自己保护起来，避免受到可能的迫害和攻击。

二、"羊吃人"的社会

《乌托邦》的第一部分着重对当时欧洲社会的现实进行了批判，而主要是对英国的批判。

那么，当时英国的社会现实是怎样的呢？这里要着重说到经济发展的情况，因为它是整个英国社会发展的基础，也是莫尔主要关注之点。16 世纪初的英国正处于封建制度逐渐解体，资本主义生产方式逐渐形成和发展的时期。我们在前面说到莫尔的《理查三世史》时已经指出，15 世纪末的"红白玫瑰战争"使旧的封建诸侯自相残杀殆尽，为资本主义生产方式的形成和发展创造了有利条件。早在 14 世纪末英国的农奴制度已经消灭，农村人口的大多数是自耕农。在商品经济日益发展的推动下，农村中的自耕农也逐渐发生了分化，出现了富有的农场主和贫困的雇农。当农场主雇佣农民劳动主要不是为了满足自己的农产品消费，而是为了将农产品作为商品在市场上销售，以获取的金钱作为资本进行商品生产投资时，就形成了农业中资本主义的生产方式。在工业领域，资本主义的手工工场已经出现，到 16 世纪初，有些手工工场雇用的工人甚至达到千人以上。资本主义生产方式是以商品生产为起点的，但是这种生产方式的形成和发挥作用，还需要两个基本条件：一是要在少数资产者手中积累起资本主义生产所必需的货币资本；二是要有大批人身自由的、没有任何生产资料的无产者，他们可以在资产者的雇佣下从事生产劳动。要实现这两个条件，就必须对使用自己的生产资料进行生产的劳动者进行“剥夺”，使他们与生产资料分离开来，一方面把他们变成出卖劳动力的无产者，另一方面使他们的生活资料和生产资料集中在少数人手中转化为资本。这是一个历史的过程，由于它是在资本主义大生产以前发生的，因此也被称作“资本的原始积累”。在小商品生产的情况下，这个过程可以表现为农民和手工业者逐渐分化为少数富裕的资产者和贫困的雇佣劳动者，但这个过程十分缓慢，在欧洲，它已经无法满足当时商品经济快速发展的需要，尤其是15世纪末的地理大发现促进了世界市场的形成，更为加速这一过程带来了新的刺激和推动力。于是，用暴力手段强行“剥夺”劳动者的历史现象发生了，它是以对劳动者的驱逐、绞杀和奴役为特征的，所以马克思在《资本论》中说，资本原始积累的历史“是用血与火的文字，写在人类的编年史中的”。

资本原始积累的这一暴力现象在英国表现得最为典型。15、16世纪，毛纺织业是欧洲发展最快的工业部门，羊毛是必不可少的原料。英国的羊毛品质优良，是毛纺织业的抢手货。起初，英国羊毛主要销往隔海相望的佛兰德地区，那里是毛纺织业的中心，后来又远销北欧和意大利。随着英国本国毛纺织业的飞速发展，本来就十分紧俏的羊毛变得供不应求，羊毛的价格随之上涨，养羊成为有厚利可图的行业。一英亩的牧场比二英亩的耕地收益还大。于是，英国的贵族和地主纷纷经营养羊业。他们不但把自己的土地变为牧场，而且还用暴力手段大量侵占公地和农民的土地，把农民赶出世代居住的家园，烧毁他们的房屋，把村庄夷为平地，然后用栅栏和篱笆将土地圈起来作为牧场。结果，无数的农民流离失所无处安身，成为一无所有的自由民。这就是英国历史上所谓的“圈地运动”，它从15世纪末开始，中间有过停顿，一直延续到19世纪上半叶。它是英国资本原始积累的全部过程的基础，因为它最普遍地达到了资本原始积累所需要的结果：一方面剥夺农民，使他们变成失去生产资料的自由劳动者；另一方面将生产资料集中在少数人手中转化成资本。

可是，由于这时资本主义生产方式还处在初级阶段，不发达的社会和经济状况还不能使长期以传统方式生活的自由民立刻适应资本主义的雇佣劳动，因此他们大批地变成了无业游民、乞丐和盗贼。为防止由此引起的骚乱动摇封建王朝的统治，为了迫使一无所有的劳动群众接受资本剥削的奴役状态，国王颁布了一系列惩治流浪群众的血腥法令。这种法令在亨利七世的时候就已经开始了，到亨利八世的时代则变得更加残酷。这些法律规定，除了年老体弱者外，禁止有劳动能力的人流浪，违者将罚以鞭打或监禁。后来还规定，如果流浪者第二次被捕，除了鞭打以外，还要割去半个耳朵。第三次被捕就要判处死刑。据统计，仅在亨利八世统治时期，被作为“盗贼”处死的流浪者就达七万二千人之多。

《乌托邦》对英国现实的批判主要是针对“圈地运动”的。当时的大多数上层人，要么对“圈地运动”给劳动群众带来的苦难视而不见，要么站在统治者和富人的立场上为这个运动辩护。而莫尔的卓越之处在于，他能够通过对社会现实的敏锐观察，在“圈地运动”的早期，就将它所带来的罪恶揭示出来，无情地鞭挞统治者的残暴，对劳苦大众寄予无限的同情。英国的“圈地运动”是由养羊而起的，于是，莫尔在《乌托邦》中借希斯拉德的口说：“你们的羊一向是那么驯服，那么容易喂饱，据说现在变得很贪婪、很凶蛮，以至于吃人，并把你们的田地、家园和城市蹂躏成废墟。”“羊吃人”，这是莫尔对“圈地运动”的形象概括，是对它的罪恶本质的深刻揭示，这一表述被后人专门用来指英国的“圈地运动”，马克思在他的《资本论》中也引用了这一表述。

在《乌托邦》中，莫尔的论述是由这样一个问题引起的：为什么在英国盗贼横行，尽管国家实行了严酷的惩治法令也不能制止？莫尔借希斯拉德的口作了深刻的分析。他一开始就明确指出，盗窃罪不是死罪，将盗窃犯处以死刑的法律本身就是不合法的，因为它超出了应有的限度。而且它也不能达到预期的效果：如果一个人除了盗窃无路可走，那么，不论你想出什么惩治的办法，也是无济于事。然后，莫尔根据他对社会现实的深刻观察，指出了造成盗贼横行的几个原因。

首先，这是因为在社会上存在着不劳而获的贵族阶层，他们“像雄蜂一样，一事不做，靠别人的劳动养活自己”。他们不但残酷剥削在自己田庄上做活的佃农，以榨取财富，而且还豢养了许多游手好闲的随从。而当这些随从因种种原因被赶出庄园，由于他们长期好逸恶劳、毫无谋生技能，于是就只能从事偷盗，否则就会饿死。在莫尔看来，这些人由懒惰沦为盗贼，完全是贵族的腐化奢靡生活造成的。莫尔这里确实反映了当时的一些真实情况，但有更深层的原因没有说到。那就是，在封建制度下，封建贵族为了增强自己的势力，确保自己的领地和对农民的剥削，于是用剥削而来的剩余农产品豢养大批随从，充当他们的暴力工具。可是随着商品经济的发展，当封建贵族发现将剩余农产品当作商品销售，可以使他们获得更有用的金钱，于是就将随从队伍解散，把他们投入无业者队伍中去。也就是说，由于经济生活的变化使昔日游手好闲的随从变成了盗贼。

其次，国家为了进行战争，往往豢养一批懒散的闲人充当士兵或雇佣兵，可是这样的士兵不但不会有强大的战斗力，而且对社会的破坏与盗贼并无两样。因为那就意味着，“为了作战，就必须鼓励盗窃犯。只要你养这类的人，你绝不能使盗窃犯绝迹”。莫尔在这里实际上指出，国家的好战政策是社会治安恶化、盗贼横行的另一原因。他明确说：“不管怎样，为了应付紧急战争，养一大批这类扰乱治安的人，在我看来，不利于为社会造福。你们不要战争，就绝不会有战争，而你们所更应该重视的是和平，不是战争。”

应该说，上述两点还不是英国盗贼横行的主要原因，因为它们毕竟是局部的、表面的。莫尔指出的最后一个原因则具有根本的意义，那就是“圈地运动”对农民的“剥夺”。莫尔在《乌托邦》中对这一过程作了真切的描述：“于是，就有贪得无厌的人，他是故乡的真正瘟疫，一下子把几千英亩土地，用篱笆和围墙圈围起来；用暴力和不正当的方法来苦累它原先的所有者，强迫他们卖掉一切东西。用各种方法，使这些可怜的愚鲁的穷乏的人，男的，女的，丈夫，妻子，孤儿，寡妇，乃至可怜的抱着乳儿的母亲，一律离开。他们缺乏资料，但多的是人口，因为农业需要许多人手。他们一旦由自己习惯的住处被驱逐出来，安身无地，就只好在路上彷徨。他们所有的家具固然不值多少，不过在别的情况下，还是可以换到一点钱。可是，他们是仓促被迫离开，自然只好白白丢掉了。当他们彷徨不知如何是好，以致一文莫名的时候，要是为盗，那就注定要按法遭受绞刑；所以，除了当乞丐，就无路可走了。但一为乞丐，就要以不劳动、流浪的罪名被当作流浪人投到监狱中去。无论他们怎样希望劳动，也没有谁会给他们劳动。”这段描述十分精彩，马克思在《资本论》第一卷的“所谓原始积累”一章中全部加以引用。

莫尔对“圈地运动”的原因也作了分析，他试图从社会的经济生活中寻找根据，表现出他具有卓越的经济头脑。他指出，贵族、地主和主教，他们之所以毁掉城镇和村庄，将土地围起来做牧场，留下教堂做羊圈，是因为羊毛可以为他们带来比地租更大的收益。而且尽管羊的数量增长了，但羊的价格丝毫不降，因为所有的羊最终都集中在少数富人手里，他们操纵价格，获取最大利润。而且，作为农业凋零的连锁反应，无人饲养牲畜，牲畜的价格也因其稀缺而普遍上涨。富人还从国外廉价购进瘦弱小牛，在牧场上喂肥后高价出售。而他们在牲畜产地的疯狂采购又使货源逐渐萎缩，加剧了供不应求和价格飞涨。“这样，由于少数人贪得无厌，对你们这个岛国（英国）本来认为是带来极大幸运的东西，现在是遭到毁灭了。粮食腾贵的结果，家家尽量减少雇佣。请问，这些被解雇的人，不去乞讨，或不去抢劫，还有什么办法呢？”

根据以上分析，莫尔提出了解决问题的办法。他认为，比严刑更好的办法是给那些穷人以谋生之道，使任何人不必为生计而偷盗。并且用法律规定，凡是破坏农庄和乡村的人必须亲自将它们恢复，或将其转交给愿意加以恢复并乐于从事建设的人。必须严格控制富人囤积居奇、垄断市场的行为。少养活好吃懒做的人。振兴农业、恢复织布业，让其成为光荣的职业，使因贫穷而成为盗贼的人，以及最终会沦为盗贼的流浪者，从中得到生活的来源。他还愤怒谴责当权者只知严刑惩罚盗贼，不知给穷人以出路的所谓“执法”。他说，那样的执法，“表面好看，实则不公正，无收效”，是“始而纵民为盗，继而充当办盗的人”。当然，就消灭盗贼这一具体目的而言，莫尔提出的办法是有针对性的、合理的，但在“原始积累”这个资本主义发展的客观进程中，要想避免它所带来的劳动群众无产化的必然结果，或劝说统治者和富人对劳动群众施以“仁政”，那只能是十足的幻想。

三、实现人类幸福的唯一道路：“废除私有制”

实际上，莫尔并非没有意识到乞求统治者的仁慈和恩赐是不会有结果的，那么，要真正解决群众贫困和社会不公的问题，根本的途径在哪里呢？他借希斯拉德的口表达了他的看法。

柏拉图在《理想国》中曾认为，如果哲学家做国王或国王从事哲学，就能治理好国家，那么，哲学家向国王提供良好的建议，由国王采纳，不也能给社会带来福利吗？希斯拉德对此做了否定的回答。他说，即使哲学家的意见是正确的，但如果国王本人不懂哲学，他就绝不会接受哲学家的意见，因为他的思想早已为错误的观念所占据了。

希斯拉德假定他参加国王的枢密会议，讨论对外策略。国王的谋士们都主张侵略扩张，不惜用任何阴谋手段达到吞并别国领土的目的，而只有他提出和平政策，主张放弃对外战争，专心治理自己的国家，使其繁荣昌盛，君臣和谐。这样的意见国王会接受吗？显然不会。

希斯拉德还假定朝臣们向国王献计如何敛财聚富，有的说可以通过借款和还债时操纵币值来赚取差价；有的说可以借口战争筹集军费，然后适时媾和，将军费揽为己有；有的说可以借严格执法之名对违反陈规旧律的人科以罚金，尽管这些法律早已因长期不用而废弃；有的说可以规定许多禁律，然后再向受禁律损害的人收取金钱，对他们开禁；有的说可以将法官控制起来，使他判决的每一个案件都有利于国王。即使对国王不利的案件，法官也总可以从法律条文中找出漏洞，加以曲解，作出有利于国王的判决。朝臣们的种种建议都出于这样一种考虑，即国王的特权是至高无上的。而且，既然百姓的一切财产和人身都是属于国王的，那么，百姓的财产就越少越好，因为这样就可以防止百姓有了钱财和自由而犯上作乱。希斯拉德说，如果这个时候他站起来反驳说，所有这些进言对国王都是有害无益的，因为国王的荣誉和安全完全取决于百姓的富裕，而不是他自己的富裕；因此，国王应当更多关心百姓的幸福而不是他个人的幸福，正如一个牧羊人，“其职责是喂饱羊，而不是喂饱自己”，那么，国王和朝臣们会接受他的这个意见吗？显然不会，因为那只能是对聋子弹琴。

明明是正确的意见，为什么不会为统治者所接受？为什么他们偏偏要坚持错误的观念不放呢？莫尔借希斯拉德的口一针见血地指出了问题之所在，那就是财产私有。由于私有制的存在，人们就总是关心自已的利益，总想将一切财产占为己有，势必将个人利益放在国民利益之上，放在别人的利益之上。当这样的思想观念成为社会行为的准则，就没有社会正义和人民的幸福可言。他说："我觉得，任何地方私有制存在，所有的人凭现金价值衡量所有的事物，那么，一个国家就难以有正义和繁荣"；"我深信，如不彻底废除私有制，产品不可能公平分配，人类不可能获得幸福。私有制存在一天，人类中的绝大部分也是最优秀的一部分将始终背上沉重而甩不掉的贫困灾难的担子。"而且，即使我们采取某些措施限制财产私有，只要没有彻底废除私有制，这些措施就只能作治标之用，不能从根本上消除贫困，就像患不治之症的病人，各种治疗方法可以减轻其病症，却不能使之痊愈一样。

后来在与乌托邦的公有制作比较后，莫尔同样借希斯拉德之口真实描述了当时社会的贫富悬殊的现象，强烈控诉了剥削制度的血腥罪恶，无情揭露了富人的所谓公平、正义和法律的虚伪性，其深刻、尖锐、生动、精彩的程度，在当时以及后来很长时期内无任何作品能与之相比。我们特在此作部分引述，以飨读者。他说：

> 各类贵族以及金铺老板和高利贷者，还有其实一事不做或做非国家急需之事的人，他们全都在游荡和无益的奔逐中过着奢侈豪华的生活！这算是什么货色的正义呢？而一般的劳动者、车夫、木匠以及农民，

却不断辛苦操作，牛马不如，可是他们的劳动是非常必要的，所以任何国家倘缺少这种劳动，甚至维持不了一年。然而这些人所得不足以糊口，生活凄惨，还抵不上牛马的遭遇……这些做工的，不但现在不得不一无所获地劳累受苦，而且不免为将来贫苦的老年感到非常痛苦。他们每天的收入如此微薄，甚至不敷当天的开支，更谈不上有节余可以逐日储存起来养老。

这岂不是一个缺乏公正和不知恩义的国家吗？所谓上流绅士、金铺老板等这般家伙，不事劳动，徒然寄生，追求无益的快乐，却从国家取得极大的报偿。相反，国家对于农民、矿工、一般劳动者、车夫以及木匠，却丝毫不慷慨，而没有他们就会是国将不国。这些人为国家浪掷了青春劳力之后，挨受老病的折磨，生活穷苦不堪，可是国家忘记了他们无眠的长夜，忘记了从他们双手劳动所取得的全部巨大利益，十分无情义地让他们潦倒不堪而死，作为对他们的报酬。

更糟的是富人不仅私下行骗，而且利用公共法令以侵吞穷人每日收入的一部分。即使富人不曾这样侵吞，那些对国家最有贡献的人却获得最低的酬报，这已经看来不公平了。可是现在富人进一步破坏并贬低正义，以至于制定法令，使其冒充正义。因此，我将现今各地一切繁荣的国家反复考虑之后，我断言我见到的无非是富人狼狈为奸，盗用国家名义为自己谋利。他们千方百计，首先把自己用不法手段聚敛的全部财富安全地保存起来，其次用极低廉的工价剥削所有穷人的劳动，等到富人假借公众名义，即是说也包括假借穷人的名义，把他们的花招规定为必须遵守的东西，这样的花招便成为法律了。

莫尔主张废除私有制，实行公有制，认为舍此不能实现社会正义。他的这个思想显然受到柏拉图《理想国》中的公有制观点的启发，但我们不能将两者当成一回事，或说莫尔只是对柏拉图的简单模仿，因为两人对公有制概念的理解是大不相同的。柏拉图所设想的公有制只是在包括奴隶主和国家护卫者在内的统治集团中实行的，其目的是为了消除统治者的腐败，维护奴隶制的国家。作为被统治者的农、工、商、佣等劳动阶层则被排除在公有制之外，何况他们也提供不出多少财产去“公有”。而在社会最底层的奴隶只是“会说话的工具”，连人身自由都没有，更谈不上任何社会权利和财产了。与此不同，莫尔所说的公有制是在全社会实行的，统治者和普通劳动者概莫能外，这样，公有制就为全社会最普遍的公平正义奠定了基础。而且，莫尔与柏拉图所处的时代完全不同，而这决定了两人思想的根本差别。柏拉图生活在古代城邦奴隶制由盛转衰的时期，他所设想的一切都是为这一行将没落的奴隶制辩护。而莫尔则生活在封建制度趋于瓦解，资本主义生产方式逐渐形成的时期。他的伟大之处在于，他既没有为封建制度的没落而哀叹，也没有为资本主义的到来而祈福，而是从广大劳动群众的痛苦生活和剥削制度的血腥罪恶中，预见到只有实行公有制才能使人民过上公正、富足、美满的生活。尽管莫尔对“私有制”概念还缺乏细致的分析，但他要求实行公有制的思想已经超出了小生产者平均主义的局限，属于早期无产阶级的思想体系。不管这一思想还需要怎样的丰富和发挥，它已经成为后来一切空想社会主义理论的基本原则，这是莫尔的巨大功绩。

当然，由于受时代的局限，莫尔的公有制思想还很不成熟，尤其表现在他对实现公有制的条件和途径的看法上。他认为，阻止人们（主要是统治者和富人）实行公有制的主要障碍是盘绕在人们头脑里的“骄狂”情感，“骄狂是一切祸害之王，一切祸害之母……阻碍人们走上更好的生活道路”。将社会变革不能实现的原因归结为人们的情感，似乎人们只要改变一念之差，就可以改变一切，这显然是一种唯心主义的观点。莫尔没有从社会经济制度的发展和变革中说明公有制社会将要出现的历史必然性和客观条件，资本主义初期狭隘的经济事实限制了他的眼界。也正因如此，他才幻想在生产力尚不发达、社会产品极不丰富的手工工场时期就实现公有制和社会正义。恩格斯对此有一段精辟的论述：“纯粹善良的愿望，‘正义’的要求。但是托马斯·莫尔早在三百五十年前就已经提出了这个要求，始终没有实现。为什么现在就应该实现呢？……事实上，大工业把这个要求，不是作为正义的要求，而是作为生产的必要性提出来了，而这改变了一切。”

那么，由谁来改变不合理的社会制度呢？作为统治阶级中的一员，虽然莫尔对劳动群众抱以同情，但看不到他们有任何创造历史的主动性。在他看来，进步的社会变革只能寄希望于最高统治者的仁慈、开明和远见。他所憧憬的乌托邦岛国就是由外来的伟大征服者乌托普建立起来的，他使当地的粗野居民变成有文化、有教养的人，他制定了城市的建设规划，让后人遵照实施，他制定了法律，让人们有信仰自由、永葆和平，等等。可以说，乌托邦自上而下的建国之路就是莫尔理想中的社会改革道路。在莫尔的一生中，始终没有摆脱对最高统治者的不切实际的幻想，而这决定了他不可能在人民群众中找到实现社会理想的真实力量。后来当德国爆发了闵采尔（Thomas Münzer）领导下的农民战争，旨在推翻旧制度、实现社会主义理想时，莫尔采取了反对甚至敌视的态度，就是他这种思想倾向的突出表现。

在《乌托邦》中，莫尔以自己的口吻设想了对公有制的种种反驳，比如，如果一切财产公有，缺少个人利益的驱动，人们就会好逸恶劳，一心只想吃“大锅饭”；如果在贫困的情况下不能保留个人所得，争夺物品的冲突和动乱就在所难免；由于一切实行公有，人人生活在同样的状况下，长官的权威和尊严就无从谈起，不利于维护社会的秩序和安定。莫尔没有一一讨论这些可能性，而是让希斯拉德出场，从政治、经济、军事、法律、道德、宗教、风俗习惯等各方面描述乌托邦的种种情形，以此来证明这一社会理想的合理性和可行性。

第 6 章

《乌托邦》（二）

现在，让我们根据希斯拉德的描述，走进乌托邦这个神秘的国度，看一看莫尔心中的理想社会到底是什么样，以及他对社会生活中许多细枝末节的看法。对当时的许多读者来说，这一部分是《乌托邦》最吸引人之处，即使对现代读者也不乏妙趣可陈。因此，我们将尽可能以有限的篇幅作详细的介绍，并加以必要的评论。

一、地理环境

乌托邦原本三面临海一面与大陆接壤，名为阿布拉克萨(Abraxa)。后来乌托邦的建立者乌托普国王征服了该岛，将其改为现名。乌托普是具有远见卓识的英明君主，他不顾邻国的讥笑，下令开掘了一条十五英里长的海道将乌托邦与大陆分开，使之成为一个四面环海的岛屿。这一工程极为重要，因为它以海洋为天然屏障，极大地保障了乌托邦的安全。莫尔将乌托邦设想为一个岛国，暗含着与英国类比的用意。

乌托邦岛呈新月形，长约五百英里，中间最宽处有二百英里，两端逐渐变窄，隔海相对，其间形成约十一英里长的海峡。于是，岛的腹部就围成了一个天然海湾，经海峡与外海相通。由于周围的陆地阻挡了海风的侵袭，海湾内风平浪静，成为一个天然良港，为与各国通航带来了极大的便利。

乌托邦地势险要，在军事上易守难攻。港口出入处布满了浅滩和暗礁，如果没有熟悉海道的乌托邦人根据预先设定的标志领航，外船极难进入，再强大的敌舰也不例外。岛的周边海岸也是港湾重重，峰峦叠嶂，乌托邦人利用天然地形或人工筑垒，建立了有效的防御体系，可以用少量兵力抵御大敌入侵。显然，这些得天独厚的条件为乌托邦不受外来侵犯，保持国家的独立和繁荣创造了条件。

二、城市与乡村

乌托邦有五十四座城市，首都是亚马乌罗提。各城市之间相距最近的有二十四英里，最远的也不超过一天的徒步行程。每座城市的管辖区域至少延展至二十英里，不过，每座城市都不愿意扩张自己的地盘，因为乌托邦人认为，他们是居住者，而不是占有者。至于城市的规模和样式，除因地形不同而有所差别外，几乎一模一样，窥一城而可知其他。以亚马乌罗提为例，它基本上是正方形的，宽约二英里，有高大的城墙围绕，上面密布望楼和雉堞。城内街道井然有序，交通便利。民居一般为三层楼房，墙体用砖石建造，屋顶敷以防雨、防火的灰泥，窗户采用透明的玻璃，整座建筑坚固、美观而舒适。各街区房屋的正面是宽阔的街道，背面则是由各房屋围成的一个大花园，花园中栽有各种果木和花卉，郁郁葱葱，果实累累。花园给乌托邦居民带来了巨大的实惠和快乐。对花园的津津乐道，反映了莫尔在日常生活中对花园的喜爱。特别值得注意的是，因为没有私产，各家可以随意进入，不必担心丢失物品。而且房屋也属于公有，居民每隔十年用抽签的方式调换住房。

乌托邦的农村生活井然有序，这完全得益于国家对农村的规范管理。比如，农村到处有精心设计的公有住宅，并配以充足的农具，供乌托邦人轮流居住。按照规定，每个农户的人数不能少于四十人，并配有两名农奴，由老成持重的男女各一人担任管理者。每三十户还设长官一人。可以看出，这样的农户已不是以血缘关系为纽带的单一家庭，而是具有一定规模的农业劳动者的集合体。这样一来，传统农业以家庭为单位的小农生产方式就被打破了，农业成为具有社会组织特征的产业。

在当时的欧洲各国，不论在生活方式还是在生活水平上，城市与乡村都存在巨大差别，这造成了许多社会问题。而在乌托邦，情况则很不一样，城乡差别被大大缩小了。根据希斯拉德所述，乌托邦实际是以农业为基础的国家，农业受到高度重视。乌托邦人不论男女都必须以务农为业，只是在此前提下，每个人方可根据自己的情况学习一门手艺。由于人人必须从事农业劳动，城市居民也不例外，于是，传统意义上常住农村、终生务农的农民就不存在了，农村只不过是全体居民的一个劳动场所罢了。乌托邦规定，每个农户每年可以有二十人返回城市，由城市来二十人接替，回城的人都是在农村住满两年的。

如果按一个农户四十人计算，农户成员可以两年更换一次。乌托邦实行这种轮换制度也是考虑到农业劳动的艰苦，长期从事易生厌倦，但也允许有人出于对农事的爱好在农村多住几年。为了保证农业生产不会因新来者的技术生疏而受到影响，已经在农村工作一年的人要对新来者进行培训，逐年依此类推。实际上，乌托邦人从小就对农业不陌生，他们不但在学校学习农业技术理论，而且到城市附近的农村实习，既观察农业生产过程，也参加实际劳动。既然农业生产是全体乌托邦人的事，所以经常出现这样的情况：当收获季节繁忙时，农村的长官根据工作量，通知城市官员派人下乡帮助收割。可以说，乌托邦的城市与农村是紧密结合在一起的，成为社会经济的共同承担者，而不像当时欧洲那样，城市无情地剥削和掠夺农村，造成城市和乡村的严重对立。

由于乌托邦实行公有制，农产品不归私人所有，所以农产品是在全社会的范围内按需分配：各地生产的农产品首先提供给本地城市消费，超出需要的剩余产品则送给邻境的居民。不但城市对农产品按需取用，而且农村对城市生产的工业品也按需取用，“当他们需用农村无从觅得的物品时，就派人到城市取得全部供应，无须任何实物交换，城市官员发出这些供应时是毫无议价麻烦的”。这样一来，城乡之间由于工、农业产品的流通和交换而产生的重大差别也被消除了。

三、政治制度与政治生活

乌托邦实际上是由五十四座城市组成的联邦，各城市不但有共同的语言、传统和风俗，还有相同的法律。乌托邦实行以民主选举为特征的民主制度。每年由三十户中选出一名官员，称作飞拉哈。每十名飞拉哈及其所属的各户隶属于一个更高级的官员首席飞拉哈。飞拉哈共有二百名，他们经过宣誓后以秘密投票的方式选出一名总督。总督的候选人有四名，由全城四个城区各推选一名组成。总督是终身的，但他若有实行暴政或奴役人民的嫌疑可以被废黜。首席飞拉哈是每年一选，但一般情况下可以连任。

首席飞拉哈至少每三天与总督商讨国事一次，必要时则更频繁接触。对私人间发生的争执也及时处理，尽管这类争执并不多见。国家大事必须在议事会上讨论，议事会相当于最高权力机构，总督的候选人名单也必须在议事会上通过。每次议事会都有不同的两名飞拉哈出席。按照规定，任何涉及公众事务的法令都必须经过三天的讨论才能获准。凡在议事会或全民大会之外讨论国事的人，都将被判以死罪。乌托邦人认为，实行以上措施可以有效地防止总督与首席飞拉哈等上层官员合谋改变国家的制度，奴役其人民。同时，凡是重要的事项都要提交给飞拉哈，由飞拉哈通知他所管理的各户开会讨论，然后将讨论的结果上报议事会，有时还要提交全岛的议事大会审议。每年每座城市还要派三名有经验的长者到首都商讨事关全岛利益的大事。这样，在乌托邦，任何重大事项的决策都处于公开透明的状态，民众可以参与讨论并对决策部门和官员实行监督。议事会还规定，对任何事项不在其提出的当天进行讨论，而是留待下次会议。这是为了让官员对要讨论的事项有深入的思考，防止他们开始时信口开河，而后又文过饰非，固执己见，最终危害公共利益。

乌托邦也有法律，但是法律条文很少，后面还要说到，这是因为乌托邦人有良好的道德教养，因此法律在规范人们行为中的作用并不大。乌托邦人看到其他国家的法律泛滥成灾、晦涩难懂，以致无人能卒读和理解，认为用这样的法律来约束人民，是极端不公正的表现。与此相反，乌托邦制定和颁布的法律是为了使人们牢记自己的责任，所以他们的法律简单易懂，很容易为普通人所掌握，甚至达到人人精通的地步。他们认为，如果法律条文需要经过苦思冥想或反复争论才能明白，那么，这种法律对于未受过专门训练的普通百姓毫无用处，就好像根本没有法律一样。正因为如此，乌托邦人将那些隐瞒事实真相、曲解法律条文的律师全部逐出。他们认为，一个人在诉讼时不受律师诡计多端的操纵，向法官直陈己见，为自己的案件辩护，更有利于弄清案情，得到公正判决。莫尔担任律师多年，对当时英国司法制度的状况了如指掌，以上所述反映了他对其中的弊病和改进方式的真实看法。

这种民主制度对官员本身的素质提出了很高的要求。比如，各级官员应当是品德高尚、不谋私利的人，而且必须能与百姓和谐相处。百姓对官长有发自内心的尊重，甚至称官长为父。官长也爱民如子，尽责尽力。虽然官员有管理之责，但他们与百姓的关系是平等的，这从总督与百姓相区分的标志上也可见一斑：总督并非身着华服，头戴王冠，而只是手中持有一束谷穗。官员与百姓的平等也通过官员的自律来实现。比如，依照法律，人人必须参加劳动，只有少数人可以豁免，其中包括身为飞拉哈的官员。但他们从不肯利用这个特权，而是积极参加劳动，并以此带动其他人。实际上乌托邦政府的职能也十分有限，比如，飞拉哈的“主要的和几乎唯一的”职责就是要求人们参加劳动，保证没有一个闲人。前面所说每年各城市派三个人到首都商讨国家大事，也主要是了解各地区粮食和其他物品的盈缺情况，然后确定如何在各地之间进行调剂，以盈补缺。用现在政治学的话说，乌托邦实行的是“大社会，小政府”。政府不过多干预社会生活，也使各级官员无滥用职权的余地。乌托邦的官员以公正廉洁著称，因此经常被邻国请去任职，帮助治理他们的国家。乌托邦与这些国家结成盟邦。

在国家关系上，与当时欧洲各国频繁签订条约，然后又毫无信义地破坏条约的情况不同，乌托邦不与任何国家签订条约。乌托邦人认为，国家之间应当建立在自然而然形成的友好关系上，各国由于相互的善意而团结在一起。如果没有这些友好关系和善意，任何条约都是无用的。

战争是国家关系中最重大的事件。虽然乌托邦人的生活安逸、平和，但与别国的战争并不罕见。莫尔用较多篇幅论述了乌托邦的战争政策，与当时欧洲各国战事不断的现实有关，他要借此表明自己对战争的看法。乌托邦人痛恨战争。与任何国家不同，乌托邦人把战争中取得的荣誉看成是最大的耻辱。乌托邦人反对战争，也不轻易投入战争，但为了在必要时能赢得战争，他们也刻苦进行军事训练。他们进行战争一般有三种情况：一是为了保护本国的领土；二是为了驱逐侵略友邦的敌人；三是帮助某个被压迫民族从暴君的统治下解放出来。

乌托邦人可以用战争的方式为受到别国侵害的盟国伸张正义，索取赔偿，但当自己的某些利益受到损害时往往并不诉诸武力。比如，当他们在与别国贸易中由于对方的欺骗而损失了商品，只要没发生人身伤害，他们并不用武力来报复，而只是与对方断绝贸易往来。他们这样做并不是因为关心盟国的利益胜过关心自己的国民，而是出于一种特殊的感受：他们觉得，盟国损失的是私人财产，受损失的商人会备感难受，而乌托邦人损失的物品是公有的，是自己用不完而出口的多余部分，即使损失了对乌托邦人也没有什么影响。因此，没有必要为那些无足轻重的损失而发动残酷的战争。但在另一种情况下，如果乌托邦人受到别国的人身伤害，甚至丢掉性命，而且没有得到对方的公正处理，乌托邦人就会立刻对之宣战。

在对战争胜利的看法上，乌托邦人也有独到之处，类似于我国《孙子兵法》中所说的“上兵伐谋”“不战而屈人之兵”。乌托邦人认为，靠大肆杀戮而取得的胜利是可耻的，如果用韬略战胜敌人则是莫大的光荣。以智取胜而不是以力取胜，才是真正的勇敢和英雄的行为。如果用其他方法能达到战争所要达到的目的，就没有必要进行战争。即使战争不可避免，他们的目的也主要是给敌人以严厉惩罚，使其以后不敢再犯同样的罪行。当战争开始后，他们不以战场上杀人夺命为取胜的主要手段，而首先是用各种方法瓦解敌军，达到兵不血刃的效果。比如，他们设法在敌国境内散发布告，悬赏杀死或擒获敌酋；对起义归降的敌军不但保证其生命安全，而且给予奖励。这样一来，敌人内部会很快发生裂隙，互相猜忌，军心动摇。也许有人会认为用重金收买敌人的办法是不道德的，但乌托邦人不这么看。他们认为，这样做不但不是不道德的，而且是光荣的明智之举，说明他们以人道与仁慈为怀。因为真正需要惩罚的是敌方的少数统治者，而不是被他们驱使走上战场的无辜百姓。乌托邦人爱惜敌国百姓的生命，不愿意看到他们陈尸疆场，而对本国同胞的生命，则更是珍视备至。即使可以用任何一个乌托邦人换取敌方的一个国王，他们也绝不会那样做。

只要有一线可能，乌托邦是不会让自己的国民参加战斗的。那么，谁来为他们上战场打仗呢？不是别人，是雇佣兵。在当时欧洲的纷繁战事中，招募雇佣兵是极平常的事情，其中犹以英国的邻邦法国为甚。《乌托邦》详细描述了乌托邦在国外招募士兵为本国打仗的情景，这显然来自莫尔对当时欧洲雇佣兵现象的真实观察和思考。乌托邦财力雄厚，不但国内存有大量金银，而且国外也有储备。乌托邦国内一切公有，按需分配，没有商品交换，所以不需要用金银作为货币工具，他们储存金银完全是为了应付战争的需要，其中包括从某些好战民族中招募雇佣兵。这些雇佣兵以打仗杀人为职业，为任何能支付较多报酬的一方殊死作战，甚至不惜与对方雇佣的本族士兵相互残杀。他们没有任何正义和非义的概念，当对方支付的酬金高于己方，他们就毫不犹豫地改换门庭，投靠过去。乌托邦人有充足的财力，他们支付的酬金总是高于任何国家，因此他们招募的雇佣兵总是愿意为乌托邦作战。乌托邦人并不在乎这些雇佣兵的死活，他们认为这些人生性贪婪、好战，是人类的渣滓，他们死在战场上是一件好事。除了从好战民族招募雇佣兵外，乌托邦还雇佣友邦的士兵，然后将自己的士兵加入进去，从自己人中推举指挥官。

乌托邦人参军是自愿的，他们不会被强迫作战。如果妻子愿意随丈夫出征，会得到鼓励和称赞。在战场上，妻子会紧随丈夫身旁，有时他们的子女及其他亲属也会跟随，战斗中他们互相支援，生死与共。当乌托邦人不得不亲自上战场时，其作战勇猛、不怕牺牲的精神是无人能比的。这在很大程度上是因为他们从小受到爱国教育，在优秀的国家制度下形成了正确的思想，又由于有国家为后盾，既不必为自己的生计操心，也无须为子女的未来牵挂，可以毫无后顾之忧地奋勇杀敌。

除了依靠机制灵活的战术谋略和先进优良的武器装备外，乌托邦人取得战争胜利还依靠他们的仁义和宽大。在当时欧洲的战事中，一国军队侵入敌国领土后往往烧杀劫掠无所不为。而乌托邦人则不同，他们从不蹂躏敌国的土地，从不焚毁、践踏敌国的庄稼，也不伤害敌国的非战斗人员和居民。不论敌国的城市是投降的还是被攻破的，他们都严禁劫掠、秋毫无犯。他们将战争中没收的财物赏给敌国中有投诚行为的人，或将其赠给友军，而自己对战利品丝毫不取。当然，在战事结束后，乌托邦要战败国支付赔偿金，以备今后战争之用；还要从战败国征收贡金，作为岁入。

四、职业与经济生活

如前所说，乌托邦以农业为国民经济的基础产业。莫尔对乌托邦的这一定位是根据当时欧洲各国的普遍情况，因为那时还没有出现以工业为主导的现代国家。

除了农业之外，人们还必须学一门其他手艺，如纺织、建筑、冶炼、木工等，也允许在精通一门手艺后，学习更多的手艺。当时欧洲的妇女生活在社会的底层，是男子的附庸，与此不同的是，乌托邦的妇女不但有与男子一样的工作权利，而且在工作选择上受到关心和尊重，比如考虑到她们的身体特点，一般从事比较轻松的纺织业。乌托邦的基本生产单位是家庭或家族，子承父业是普遍情况，这与当时欧洲家庭手工业作坊的生产组织形式相吻合。当然，如果有人愿意从事非祖传的行业，也会得到家庭或官方的支持，帮助他们找到合适的工艺师傅和作坊。

为了避免使劳动者像牛马一样日夜劳作，甚至比奴隶还不如，乌托邦对劳动时间有严格的规定：每天只劳动六个小时，上午三个小时，午饭后休息两个小时，然后再工作三个小时，夜晚睡眠时间八小时。业余时间由个人自己支配，不过无人将其用在大吃大喝和无聊闲荡上，而是大多用于学术研究。每天黎明前都举行公共讲演会，除从事学术研究的人必须出席外，其他人也可以自愿前往，选择和聆听自己感兴趣的题目。也有人将业余时间用在提高自己的手艺技能上。晚餐后有一个小时的娱乐活动，或演奏音乐，或谈心消遣，或游戏弈棋，各随所愿。游戏的内容也很有益，比如他们常玩的一种游戏表现了不同数目之间的关系，还有一种游戏则表现了道德与罪恶之间的斗争。而他们对荒唐而有害的赌博等活动几乎一无所知。

乌托邦生产的各种物品实行按需分配。每座城市分为四个大小一样的区，每个区的中心有一个百货市场。各家各户生产的物品都运送到市场指定的地方，各种货物在仓库内分类存放。当有需要时，每户的户主可以到仓库寻取自己及家人所需的物品，不用支付金钱或用任何东西来抵付。乌托邦之所以能实行按需分配，首先是因为物品供应充足，人们无须索取超出自己所需的物品，其次是因为人们由此消除了以占有更多物品为荣的虚荣心。

实行按需分配必须以物品的极大丰富为前提。乌托邦生产出的物品十分充足，不但能满足自己的需要，而且还有大量剩余物品销往国外，甚至将其中七分之一无偿赠送给那些国家的贫民。乌托邦如何能利用那样少的劳动时间（六个小时）生产出如此众多的物品来满足人民的需要呢？这是一个既具有经济理论意义，又具有社会现实意义的重要问题。莫尔将乌托邦与当时的欧洲社会作对比，认为乌托邦能做到这一点在于它有如下不同。

首先，乌托邦人人参加劳动，这样就保证了生产丰富产品所需要的充足人力。而在别的国家，不劳动的人占了人口的大多数，其中包括绝大部分妇女，大量游手好闲的教士、僧侣，不劳而获的绅士、贵族、地主以及附庸于他们的打手和仆从，还包括不事劳动、专吃闲饭的乞丐。这些人不但不能为社会提供产品，而且还大量消耗之，必然造成物品的匮乏。

其次，乌托邦人所从事的劳动都是为了满足日常生活和正当享乐的需要，而不会像别的国家那样，将大量劳力用于生产奢侈生活品，从事与此有关的毫无用处的行业。实际上，只要将这些行业中的劳力，以及社会中不劳动的人都分派去参加有益的劳动，就可以用很少的时间生产出正当生活所必需的一切物品。

最后，乌托邦在生产和消费的各个环节都厉行节约，这不但减少了完成一项工作所耗费的劳动量，而且也避免了对生活物品的浪费。比如，在别的国家，建造和维修房屋时往往不切实际地投入大量劳力，建成后又不知爱惜，任其损毁，结果后人不得不放弃本来稍加维修即可继续使用的房屋而开工另建。而乌托邦人则不同，他们对工程建设有认真的管理，很少辟地建新房，而是勤于维修和爱护原有房屋，使之经久耐用，从而节省了大量劳力。在日常生活中也是如此，乌托邦人工作时穿的粗皮衣可用七年之久，到公共场合时在工装外面披上外套。外套的颜色是羊毛的本色，而且全岛一律。这样一来，乌托邦在制衣上所耗用的劳力、原料都很少，价格也便宜。在别的国家，人们往往有四五件毛衣和四五件绸衫还嫌不够，而乌托邦人有一件外套就满足了，他们认为衣服再多也未必更暖和、更漂亮。

按照上述办法，乌托邦真的能提供出按需分配所需要的丰富产品吗？显然不能。莫尔生活的时代限制了他的眼界，他没有看到社会产品的极大丰富必须以生产力的极大提高为前提，而生产力的极大提高只能在现代大工业和科学技术高度发展的基础上才能实现。他幻想在传统农业和家庭手工业的时代就实现这一点，显然是不切实际的。他还设想以节俭和禁欲式的生活限制消费需求的增长，没有看到随着生产力的提高社会需求日益增长的必然性和可能性，将人的生活限制在一个低等的、一成不变的水平上，并不惜将其理想化，这同样违背了社会发展的规律，也是行不通的。

乌托邦一切物品公有，各取所需，没有产品交换，因此也就没有作为商品交换中介物的货币。经济生活的这一特点使乌托邦人思想中没有金钱的概念，或者更准确地说，除了在对外贸易中使用金钱以外，他们不看重金钱的作用。由此造成了乌托邦经济生活中许多奇特的现象。当这些现象在莫尔的笔下生动地描写出来，无不使当时崇拜金钱万能的欧洲人大为感慨。

乌托邦人通过对外贸易获得大量金银，并且经过日积月累，达到无以估量的程度。如前所说，乌托邦储备金银主要用于应付紧急事态，尤其是在战争中用于招募雇佣兵和收买敌人。但在乌托邦人的日常生活中，金银几乎毫无用处。乌托邦人看待金银只就其本身的实用价值而论，就此而言，金银远比不上铁。因为铁制品用途广泛，没有铁人类甚至无法生存。而金银则不然，人们只以其稀有为贵，却不知这是愚蠢的想法，因为自然赋予金银的用途对人类并非必要，不像空气、水、土壤那样是人类生存必不可少的。既然如此，为了防止人们将金银用于不当目的或占为己有妨碍国家的使用，乌托邦制定了符合其国家制度的办法，即将金银制成粪桶尿盆、奴隶身上的镣铐之类的器具，并给罪犯戴上金耳环、金戒指、金项圈和金冠，以示对他们的蔑视。所以，外邦人视作财富的金银，在乌托邦被看成一文不值，如有必要被人拿走，也不认为是损失。被外邦人视作宝物的珍珠、钻石、美玉，在乌托邦人那里只是儿童佩戴的玩物，待儿童长大了就将其扔掉。

对金银珠宝的独特看法形成了乌托邦与别国不同的风俗。《乌托邦》中的一段描述颇为生动而精彩：一次，某国的三位使节来访。他们不了解乌托邦的习俗，听说乌托邦人衣着一律，料子粗陋，以为乌托邦一定缺衣少穿，于是决定穿金戴银，盛装前往，在乌托邦人面前炫耀一番。当使节在仆从的簇拥下堂而皇之进入乌托邦时，本以为他们的装扮一定会引起乌托邦人的羡慕和惊叹，没想到大失所望。因为围观的人群不但没对他们正眼相看，反倒以为他们是随行的奴隶，而将穿着简朴的仆从当作使节以礼相待。看到使节帽子上镶缀的珍珠宝石，那些已经过了玩珠宝年龄的儿童轻推他们的母亲说："看那个大傻瓜，还戴着珍珠宝石呢，好像还是孩子似的。"母亲则认真地回答说："别作声，我想那是使节身边的一个小丑吧！"还有的人则对使节身上的金链品头论足，说它太细、太松，奴隶可以轻易挣脱跑掉。一两天后，当使节们了解了乌托邦的真实情况，看到乌托邦金银无数，被视同贱物；又看到用在一个奴隶镣铐上的金银比他们三人穿戴的金银合起来还要多，不禁垂头丧气、羞愧万分，将自己的盛装华服和金银饰品尽数敛藏起来。

读了上面的文字，细心的读者一定会注意到一个情况：乌托邦还有奴隶！的确，除了生活在平等幸福中的居民外，乌托邦还有奴隶。后来对《乌托邦》一书的评价中，这一直是人们诟病最多之处。实际上，这也不奇怪。因为一方面，受时代的局限，莫尔还不可能像后来的资产阶级思想家那样主张普遍的人权概念；另一方面，随着新大陆的发现，将当地土著居民作为奴隶贩卖到欧洲，或将非洲黑人贩卖到新大陆为奴，已经成为当时西欧殖民者习以为常、乐此不疲的一项大"产业"。莫尔生活在这一社会环境之中，思想中难免留有殖民者的心态和痕迹，于是将奴隶的存在看成即使在乌托邦这样的文明国度中也是理所当然的事。

乌托邦的奴隶主要来自两种人：一种是本国的重罪犯人；另一种是在别国被判处死刑的犯人。第二种人居于多数，乌托邦用低廉的价格将他们买来，有时是无偿要来的。这些奴隶不但要不停地劳动，而且还须镣铐加身。对于本国因犯重罪为奴者，鉴于他们虽然受过良好教育而仍然犯罪，因此处罚更加严厉。乌托邦之所以将他们罚作奴隶而不是匆匆处死，是考虑到这样做既可以使犯人受到惩戒，又可以令他们从事利国利民的劳动，而且留下他们作反面教员，也可以对他人起到警示作用。如果这些人不思悔改，闹事抗拒，可以随时将他们处死。如果他们服从惩罚，真心思过，在长期艰苦劳动中改过自新，还可以减轻劳役，甚至获得全赦。还有一些奴隶是别国贫困潦倒的苦工，因生活所迫，自愿到乌托邦为奴。由于这些人不是因为自己犯罪而为奴的，所以除了工作较为繁重外，可以享有与乌托邦人几乎同样的待遇。有的人想离开时，乌托邦人也不强留，而是让他们获益而归。此外，战争中因顽抗被俘者，也常被贬为奴隶。

在乌托邦的经济生活中，由于奴隶本身的地位所决定，他们想当然地承担了最肮脏、最下贱的工作。比如，乌托邦人不允许自己的百姓从事屠宰业，认为那将有损于他们本性中的恻隐之心，于是将这项工作完全交由奴隶来做。其他如餐厅中的脏活，赶牛驾车之类的累活，也全由奴隶来承担。

五、社会生活

在《乌托邦》中，莫尔以生动细致的笔触，描绘了乌托邦人社会生活的方方面面，其中许多与当时欧洲的状况形成强烈的反差，从中我们可以看出莫尔对当时社会的透彻观察和深入思考，以及他内心憧憬的生活理想。

家庭、人口与殖民

家庭是乌托邦社会的基本单位，由有血缘关系的成员组成。家中由最年长者当家，妻子侍候丈夫，子女侍候父母，年轻人照顾老年人。

为保持城市人口的适当密度，每个家庭的成年人应在十至十六人之间，儿童人数不限。每座城市有六千个这样的家庭。如果一个家庭的成年人口超过规定人数，可将超出的人口补入人口不足的家庭。如果全城家庭人数均已满额，超出的人口可补入其他人口不足的城市。如果各城市均已满员，就将多余人口迁往邻近大陆无人的地区建立殖民地。当国内城市人口减少得不到补充时，可以从殖民地调回人口，宁可使殖民地无人，也不可使自己的城市削弱。殖民地建在国外，可以允许附近的当地居民与乌托邦人共同生活，但他们必须服从乌托邦的法律。如有不服从乌托邦法律者，乌托邦人可以将他们驱逐；如果他们反抗，乌托邦就出兵讨伐。乌托邦人认为，如果某个民族宁可任其土地荒废，却不让其他民族利用，那么，对这个民族开战就是理所当然的。同前面说到乌托邦存在奴隶的情况一样，这里关于殖民地的描述，也是当时西欧殖民者在全球疯狂进行殖民扩张的反映。莫尔没有看到这一扩张的野蛮性和侵略本质，反倒借乌托邦的行为对之进行了美化，这是莫尔的局限。

食品分配与公共餐厅

各城市的百货市场附近都有食品市场，各种瓜果菜蔬、鸡鸭鱼肉都运到这里。为了保持城市的清洁卫生，市场的污秽垃圾均得到妥善处理；也不允许将任何腐败不洁的东西带进城市，防止空气受到污染引起疾病。乡村居民因居住遥远各自在家中就餐，城市居民则集中在公共餐厅就餐。每条街道都有公共餐厅，每个餐厅可供三十户就餐，恰恰是一个飞拉哈管辖的户数。各餐厅的伙食经理按时到食品市场集合，根据就餐人数无偿领取食品。在领取食品时，医院的病人有无可争议的优先权。只有当医院管理员根据医生给病人规定的饮食从市场领取了食品后，才根据各餐厅的就餐人数平均分配剩下的食品。此外，总督、主教、首席飞拉哈、外国使节、外侨等在食品的分配上也享受特殊照顾。

公共餐厅的伙食安排和烹饪由各户妇女轮流承担。尽管也允许居民将食品领回家中各自享用，但几乎没有人那样做。在他们看来，那样做无异于舍易求难，有失体统。于是，共同就餐就成为乌托邦人相互交往的重要方式，餐厅就是交往的场所。《乌托邦》对此有细致的描述，从中可以管窥乌托邦人社会生活之一斑。

乌托邦人的就餐时间有统一规定，以喇叭声为号。当喇叭声响起，飞拉哈就率领所辖居民到餐厅聚齐。座位的安排体现出方便和尊老爱幼的原则，官员的地位也得到最大的重视。考虑到妇女往往会身体不适，所以安排妇女坐于餐桌外侧，便于出入，男子则背墙而坐。5 岁以下儿童由保姆带领在专门指定的餐室就餐，那里生有炉火取暖，还备有清洁的用水和摇篮。飞拉哈和夫人在餐厅尽头的首席正中就座，既体现出应有的荣誉，也使他们能环视全体居民。与飞拉哈同桌的是两位最年长者。如辖区有教堂，教士夫妇也与飞拉哈同桌。其他的餐桌位于首席的下方，年龄相近者分在一桌，然后按照年轻人和老年人交错的原则间隔排列。据认为，这样的排列有利于年轻人养成良好的行为举止，因为老年人严肃而庄重，可以使年轻人心生敬畏，不至于行为放荡，有失检点。上菜时，德高望重的老年人受到优待，最好的菜肴首先提供给他们，然后才将其余的菜肴在各桌平均分配。如果最好的菜肴数量有限，不能人人皆有，老人往往将自己的那份与邻座分享。餐厅的服务工作由未成年人承担，视年龄大小和办事能力，他们或者侍候进餐者，或者静立一旁。

共同进餐也为乌托邦人提供了思想交流的机会。进餐开始前，有人读一段关于德行的教诲，文字不长，使听者不致厌烦。然后，老人们就此引出适当话题，并加以展开，所言之理既有益又有趣。在进餐过程中，老人们绝不自唱自白，而是鼓励年轻人参与讨论，发表意见，以便在轻松愉快的气氛中观察和发现青年人的才华和禀赋。午餐时间较短，因餐后还须工作；晚餐时间则较长，而且餐中伴有音乐，餐后燃熏香料，喷洒香水，务使人们在一天的劳作之后能够身心愉快。

医疗与病人

前面提到，在领取食品时医院的病人有优先权。实际上，乌托邦人生病时都愿意住在医院治疗，而不是待在家中。乌托邦的医院也是公立的，每座城市有四所，每所医院都占地广阔，犹如小镇。医院的设备完善，凡有益健康的器具应有尽有，医生对病人的治疗和护理也无不认真细致、体贴入微，千方百计使病人恢复健康。如果一个病人罹患绝症，治愈无望，经常会有人与他们亲切交谈，予以安慰，尽力减轻他们的病痛。如果病人的痛苦缠绵不绝，无法忍受，教士和长官就会劝导他主动结束自己的生命。他们会说，既然他已经不能履行人生义务，而且还要忍受痛苦，拖累别人，那还不如下决心一死，以便从痛苦的折磨中解脱出来，如同逃离监禁和苦刑一样。他们认为，这样的选择是明智的，而且由于这是听从教士的劝告，而教士是上帝意志的解释者，所以这一选择也是虔诚和圣洁的。病人接受劝告后可以绝食而死，或者吞食鸦片。但无论如何都必须病人自愿，否则不能剥夺病人的生命。即使病人不愿结束自己的生命，也仍能享受无微不至的护理，一如既往。

婚姻

乌托邦人的婚姻习俗也别有情趣。乌托邦实行一夫一妻制，男女结婚的最小年龄分别为 22 岁和 18 岁。男女婚前不得有通奸行为，否则将受严重处罚，而且此后不得嫁娶，除非得到总督的宽恕。乌托邦人严格禁止此类事情，是因为他们预见到，如果婚前男女关系混乱，婚后很难成美满夫妻。在男女相亲时，不论双方是初婚还是再婚，都必须一丝不挂，分别在同性别合适人员的陪同下，在对方面前亮相。他们认为，在婚前了解对方的身体，而不是只观其容貌，可以有效避免婚后发现对方身体的瑕疵或残疾而造成夫妻生活不和谐。当然，在《乌托邦》的描述中，这种婚前对身体的审视，主要是男方对于女方而言的。虽然乌托邦人根据经验知道，对于获得丈夫的恩爱，妻子的温柔贤淑要比单纯的美貌更重要，但并不是所有的男人都能做到只重视妻子的品性，而不关心她身体的完美。所以，为了避免上当受骗，婚前了解女方的身体是必要的。

乌托邦人的婚姻关系稳定，但也并非不可离异。在夫妻一方发生婚外情或因脾气不好严重伤害另一方，致使两人无法相处时，无过错者可以经议事会批准另行择偶，有过错者则从此孤守终身，不得再婚。如果夫妻双方生活不融洽，且均无过错，而又各有愿意与之共同生活的意中人，那么，经议事会批准，两人可以在自愿的前提下离异，另行嫁娶。在处理离异案件时，议事会十分慎重，在批准之前，必须首先深入调查，判明实情。而且即使如此，也不会轻易批准，因为他们深知，如果离异再婚变得很容易，不利于巩固夫妻之间的爱情。

破坏他人夫妻关系的人，将被罚作奴隶。如果当事人双方都是已婚，各方的无过错者可以在自愿的情况下分别与有过错者离异，然后彼此结合，也可以另择配偶结婚。如果无过错者对有过错者仍心存依恋，双方的夫妻关系可以继续维持，但必须与被罚作奴隶的有过错者共同生活和劳动。如果有过错者真诚悔改，无过错者执意宽容，有时会得到总督的怜悯，以致取消对有过错者的惩罚。不过，若有过错者再次犯同样错误，将被处以死刑。如果一个男人企图诱奸有夫之妇，即使没有得逞，也以犯罪既遂论处，不能让他因未造成事实而逃脱惩罚。

旅行

旅行是乌托邦人喜爱的消遣活动之一。不过，从现在的观点看，乌托邦对居民的旅行限制似乎过于严格。比如，乌托邦人要到国内另一城市旅行，必须得到官方的批准，尽管得到批准并不是难事。旅行者还必须持有总督的证明文件，上面规定了他们出行的期限和范围。如果有人擅自越出本城的辖区，并被查明没有总督的证明文件，就会被当作逃亡者押回，受到惩罚。如果旅行者重犯这个错误，就被贬作奴隶。当然，如果旅行者不出本城的范围，包括在本城郊区旅行，则不会如此严格，但也要有父亲和妻子的同意。为什么乌托邦要做这些规定？从《乌托邦》中的描述可知，主要理由也与乌托邦的经济制度和生活习俗有关，那就是人人必须参加劳动，任何人不能以旅行为由而逃避劳动或从事不正当的活动。根据乌托邦的规定，如果旅行者在任何地方逗留一天以上，都必须在当地从事他本行的劳动。在本城郊区旅行时，不论到任何地方，旅行者都必须做完当天上午及晚餐前须做的工作，然后才能受到农户的款待。这样，旅行者在旅途中仍能像在城中一样作出贡献。莫尔借希斯拉德之口对此作出如下评论："由此你可以看出，不管在哪儿，不容许浪费时间或借口逃避工作。他们没有酒馆和烈性饮料店，没有妓院，没有腐化场所，没有藏污纳垢的暗洞，没有秘密集会的地方。相反，在众目睽睽之下，人们必须干通常的活，或是正当地消磨业余时间。既然这是一般风尚，所有的物品就势必会异常丰富。物品又是在全部居民中均匀分配，任何人不至于变成穷人或乞丐。"由这段话可见，与其说莫尔是要介绍乌托邦人的旅行生活，不如说是要借此进一步为他的经济生活和社会生活理念作论证。

读书学习与学术研究

在乌托邦的社会生活中，学习各类知识和阅读有益书籍占有重要地位，这是他们具有健康思想的精神源泉。莫尔借希斯拉德的口评论说，乌托邦人之所以有与众不同的思想观念，是由于两个原因：一是他们生活在一个新型的国家制度下，并由它培养起来，而这个国家制度与那些腐朽思想格格不入，所以他们的思想观念自然而然地与这个国家的制度相一致；二是由于乌托邦人热衷于学习知识和阅读有益书籍。在莫尔看来，这种学习和阅读是培养社会新人的有效途径。从前面对莫尔家庭生活的介绍我们知道，他正是在这种思想的指导下教育家人，几乎将自己的家变成了大学。现在他又将同样的思想用于描述他的理想社会。

乌托邦人将全民的读书学习与专门的学术研究区分开来。人人都可以读书学习，但并非所有人都适合于学术研究。从事学术研究的人往往从小就表现出聪明过人、爱好钻研的天赋，因此要从儿童时就将他们发现出来。如前所说，在乌托邦，人人必须参加体力劳动，包括农业劳动和手工业劳动。而学术研究是脑力劳动，与体力劳动不同，它主要依靠的是智力而不是体力。乌托邦人看到了脑力劳动与体力劳动的差别，在体力劳动为主要劳动方式的前提下，为最适合学术研究的人提供机会。因为只有少数人适于从事学术研究，所以，确定何人可以免除体力劳动专门从事这项工作，是一件十分严肃的事。在乌托邦，必须通过教士的推荐和飞拉哈的秘密投票才能决定（这里莫尔之所以提出必须有教士的推荐，显然是因为在当时的欧洲，尽管大学已经兴起，但许多学术研究还是在教会的修道院等机构中进行的）。不过，从事学术研究也不是“铁饭碗”。如果学术研究者没有做出应有的成绩，辜负了人们的期望，就被调回去做工。也有另外的情况，如果一个体力劳动者利用业余时间钻研学问，成绩显著，也可以脱离原来的工作，专门从事学术研究。这样一来，当时在欧洲各国普遍存在的脑力劳动与体力劳动的严重对立，在乌托邦就大为缓和甚至消失了，两者之间的差别更多是根据人的能力而作出的不同分工。尽管莫尔没有说脑力劳动者和体力劳动者是否有高低之分，但也不难看出，在双方平等的前提下，他更重视脑力劳动者，将他们看作精英，乌托邦的上层人物，包括外交使节、教士、首席飞拉哈，乃至总督等，都从他们中产生。这里也可以看出柏拉图的《理想国》对莫尔的影响：在柏拉图的理想国中，掌握知识的哲学家是最高统治者，即“哲学王”。在莫尔的笔下，伟大的征服者乌托普不就是用知识为乌托邦奠定基础的“哲学王”吗？

乌托邦人学习和钻研各种知识，在音乐、逻辑、算数、几何等方面取得了丝毫不逊于欧洲古代的成就。他们尤其对天体的运动有深入的研究，而且发明了许多仪器，用来精确观测日月星辰的运行和位置。而对于星辰占卜一类的骗人伎俩，他们从来就没想过。他们还根据长期的生活经验，能够从一些征兆预测风雨等天气变化。至于这些事情发生的原理，以及海洋何以含有盐分，潮汐如何形成，天体和大地的起源和性质等，他们都加以争论。这些争论有些与欧洲古代哲学家的争论一样，有些则依据新的假设，这些新假设与欧洲古代哲学家的观点不同，他们自己的意见也不一致。

乌托邦人不但自己努力从事科学研究，而且乐于学习外来的知识成果。当他们听人谈起古希腊的文学和科学，无不求知若渴，急于掌握。他们学习语言的能力令人惊叹，在很短的时间里就精通了希腊文。这一方面因为他们大多有很好的学习基础和能力，有积极的学习愿望；另一方面因为这是乌托邦议事会交给他们必须完成的任务，由此也可见乌托邦对学习外来知识的重视。同样道理，乌托邦人对周游各国、阅历丰富的外来游客十分欢迎，乐于从他们那里了解世界各地发生的事情，以开阔自己的眼界。正由于乌托邦人有强烈的求知欲望和学术研究训练，他们非常适于掌握和发明新的技艺。比如，当他们听说了印刷术和造纸法，尽管只是泛泛了解，不知其详，却能通过反复试验很快掌握了这两门技术，并推广应用。

在各门知识中，乌托邦人最重视医学，他们将医学看成是最高深、最实用的学问。在研究这门科学的过程中，他们不但从研究本身中得到快乐，而且意识到他们的研究得到了造物主的赞许，因而感到更大的荣耀。他们想到，自然的创造者将宇宙的结构展示出来供人观察，将观察宇宙奥秘的本领只给予他所喜爱的、能够欣赏他的作品并进行思考的人，而不是交给那些在自然的壮丽景象面前愚昧迟钝的人，这是多么值得骄傲的事情啊！

六、道德观念与道德生活

乌托邦人热衷于讨论道德问题，他们主要关心的问题是：“构成幸福的是什么？”乌托邦人的一致回答是：“构成人类全部或主要幸福的是快乐。”这一回答真实反映了乌托邦人在美好的社会制度下追求和享受快乐生活的人生态度。他们认为，如果一个人不追求快乐，反倒追求严峻的苦行；不愿享受人生的甜蜜，反倒甘心忍受无益的痛苦，那是非常愚蠢和不明智的。

乌托邦人认为，快乐有很多种，并不是每一种快乐都构成幸福，只有正当而高尚的快乐才构成真正的幸福，才是至善。正当而高尚的快乐只有按照自然的指示生活才能得到，所谓德行就是遵循自然的指示而生活。自然还指示人们要互相帮助，共同过快乐生活，不要因为追求自己的快乐而损害了别人的快乐。自然的这一要求是有充分理由的，因为自然一视同仁地对待每一个人，不会特殊地眷顾某个幸运者。自然的指示也就是理性的教导，两者是一致的。理性教导人们要过无忧无虑的快乐生活，并从爱心出发，帮助所有人都达到这一目标。促进他人的快乐和幸福，减轻他人的悲伤和痛苦，这是符合人道主义的德行，是人类所特有的。

根据这种利他主义的原则，乌托邦人认为不但应当遵守私人间订立的合同，而且应当遵守国家关于生活物资分配的公共法令。对个人利益的追求必须以不破坏公共法令为前提。为了自己的快乐而破坏他人的快乐，是不公平的。与此相反，用自己之所有帮助他人，是符合人道主义和仁慈原则的行为。而且，由于帮助他人而得到的回报一定会大于自己的实际付出，因为除了可见的利益外，助人者还会想到他人反馈回来的善意和友情，由此在心中产生额外的精神愉快。这一切都使乌托邦人更坚定地主张，快乐是人的一切行为的最终目标和幸福。

符合自然指示的快乐是幸福，违反自然指示的“快乐”不但不是幸福，而且是幸福的障碍。这些所谓的“快乐”实际上并不是快乐，而是由于不良欲望的诱骗而产生出的虚假快乐。乌托邦人列举出虚假快乐的种种表现。比如，前面说到有些人以身穿盛装华服为乐，穿上自认为高级的服装就觉得自己也高人一等，不可一世。而从实用的观点看，精致的衣服与粗陋的衣服并无不同。前面说到的痴迷珠宝者也属于这一类人，他们一旦得到一块上等的珠宝，就好像自己成了天仙一样。还有的人看重虚名和排场，喜欢别人在自己面前毕恭毕敬、卑躬屈膝。实际上别人的那些举动丝毫不能给他带来真正的快乐，只有愚蠢、神经不正常的人才会欣赏那些举动。也有人以囤聚财富为乐，却只用来饱眼福，不肯将钱花掉；或者将钱藏起来，永不使用，成为守财奴。这样的人有什么真正快乐可言呢？除这些人之外，还有些人以打鸟猎兽等不正当消遣为乐，这也是追求虚假快乐的表现。试想，当一个人看到猎狗撕咬野兔的血腥场面，不以为残忍，反以为快乐，那只能说明他已经失去了对弱者的同情，自己也变得残忍了。乌托邦人还谴责以取笑形貌丑陋者和残疾人为乐，认为这些人身体上的缺陷是他们无力避免的，因此取笑他们的缺陷是愚蠢而可耻的行为。

乌托邦人所说的真正快乐与上述虚假快乐不同。他们将真正的快乐分为两类，一类是精神的快乐，另一类是肉体的快乐。

精神的快乐主要包括从运用理智和思考真理中得到的快乐，从实践德行与对高尚生活的自我意识中得到的快乐，以及从回忆过去的美好生活、展望未来的幸福前景中得到的快乐。精神的快乐是一切快乐中最有价值的。

肉体的快乐分为两类：一类是使人真实感到的快乐，是由于人体的自然过程，以及通过饮食给身体提供热量或排泄体内废物而带来的快乐，比如，排便、夫妻行房、搔痒抓痛等都会带来这样的快乐。另一类身体快乐与前一类明显感到的身体快乐不同，它来自于身体的安静平和，实际是指身体的健康和无疾病状态。健康本身就是快乐之源，是其他一切快乐的基础，因而也是最大的快乐。乌托邦人反对关于健康无法被感觉到，因此算不上快乐的说法。他们认为，这种说法是不符合事实的。比方说，所谓饮食之乐就是已经受到削弱的健康在食物的帮助下向饥饿作战并使自己得到恢复，这说明健康的恢复可以带来快乐。只有麻木不仁的人，才会丧失健康而不觉得痛苦，拥有健康而不觉得快乐。在某种意义上，前一类肉体快乐都是为了满足后一类肉体快乐，即都是为了促进身体的健康。如果没有促进健康这一目的，前一类快乐并没有值得向往之处，至少不应当给予过高的评价。与健康相比，前一类肉体快乐是低级的，因为此类快乐必定伴有痛苦，比如，饮食之乐是以饥饿之苦为前提的，痛苦出现在快乐之前。因此，如果以此类快乐作为幸福的主体，必然会使人沉溺于饮食肌肤之欢，这样的生活是可厌而悲惨的，并不是真正的快乐。当然，走向另一个极端，拒绝大自然给予的一切恩惠，放弃一切感官之乐，鄙视美观、敏捷、矫健的身姿，以致损害自己的健康，那也是不正确的，是对自己残忍、对自然忘恩负义的表现。总之，在追求快乐的过程中，必须遵守“不因小乐而妨碍大乐，不因快乐而引起痛苦”的原则。

当莫尔借希斯拉德之口对乌托邦人的道德观念侃侃而谈时，他实际上表达的是自己的道德理想，而其理论来源可以追溯到古希腊的哲学家伊壁鸠鲁和斯多亚派。比如，伊壁鸠鲁将快乐当作至善，提出了以快乐为基本原则的伦理观。他所说的快乐不但包括肉体的快乐，还包括由科学研究探求真理中得到的快乐，并将身体的健康当作最大的快乐。他还强调快乐不是纵欲，而是必须服从理性的指导。斯多亚派哲学家提倡顺从自然的生活，认为顺从自然就是善，并将按照自然生活和按照理性生活看成是一致的。可以看出，莫尔正是将古代哲学家的上述思想综合起来，用在了乌托邦人身上。不过，莫尔对古代思想也不是完全照搬，而是结合乌托邦的国家制度和社会生活，赋予其新的含义，这一点从其对各种不道德现象的批判中可以明显看出来。

七、宗教

乌托邦是一个各种宗教并存的多元社会，人们崇拜各种各样的神，有各种不同的信仰。虽然乌托邦人对神的信仰有种种差异，但他们绝大多数人都是一神论者，只相信某个单一的至上神。这个神是永恒的、无限的、不可见的和不可理解的，他的威力遍及整个宇宙，他是万物的起源、生长、发育、变化、灭亡的原因，是世界的真正创造者和主宰，一切民族都愿意将全部荣耀归之于他。

在莫尔的笔下，与他在现实生活中极力反对异端思想不同，乌托邦实行信仰自由，每个人都可以自行选择自己的信仰，而且这是乌托普国王一开始就用法律规定下来的。乌托普认为，这样做，一方面有利于维护社会安定，使人们不至于因为信仰的不同而争吵不休，互相仇恨；另一方面也是为了宗教本身的顺利发展。乌托普主张宗教宽容，对各派教义的真伪不作武断的结论。他认为，每个人都将自己的信仰看作真理，如果因此要求所有人都接受自己的信仰，甚至不惜采取强迫和威胁的手段，那是十分野蛮和愚蠢的。即使只有一种宗教是真理，其他宗教都是谬误，也不能用暴力和辱骂的方式解决它们之间的纠纷，或将其他宗教摧毁，而应当温和而平静地宣传自己的宗教，有理有据地为它辩护，劝说别人接受它。真理总会凭其自身的力量彰显出来。如果在此诉诸暴力，那么，再好的宗教也会在与其他宗教的不断争斗中被扼杀掉。

在这里，莫尔借宣扬乌托普的高瞻远瞩，阐明了信仰自由和宗教宽容的原则，这在当时宗教迫害盛行的西欧，确实令人耳目一新。后来的许多评论家将莫尔在《乌托邦》中的论述与他实际生活中坚决反对异端邪说的态度进行对比，认为莫尔的思想中充满了矛盾，或后来发生了根本的变化，并从各方面分析其原因。不论如何理解莫尔言行中的不一致，莫尔显然意识到，他理想中的自由、宽容的宗教生活方式，在现实社会中是行不通的。这至少因为现实社会中没有乌托普那样有威望的贤明君主来统一人们的思想，规范人们的行为，不具备实行信仰自由和宗教宽容的条件。因此，为了防止异端邪说搞乱人们的思想，破坏基督世界的团结，造成社会的动乱，他必须向异端宣战。于是，我们不难理解，莫尔在《乌托邦》中所说的信仰自由、宗教宽容也是很局限的，并非一切观点都享有自由。比如，在灵魂不死、神主宰世界等基本信条上，乌托邦不允许有选择的自由，更不用说主张无神论了。乌托邦人认为，如果有人在这些基本信条上持不同意见，那就无异于将自己的灵魂贬低到与兽类身体一样的地步，他就不会相信生时作恶、死后受罚，生时积德、死后有赏的宗教理念。于是，他一定会为了满足自己的私欲，肆无忌惮地破坏国家法律，给社会造成损害。《乌托邦》中还设计了一个情节，表现基督教如何由于其教义的可信性和基督徒的公共生活方式，受到乌托邦人的普遍欢迎，甚至有许多人自愿受洗皈依。由此可见莫尔内心对基督教的深切热爱和虔诚信仰。

在乌托邦人的生活中，宗教的影响无处不在。比如，乌托邦人的幸福论道德观不但得到理性的证明，还得到宗教信条的支持：宗教认为灵魂不死，上帝可以根据人生前行善或作恶，在其死后进行奖赏或惩罚，使行善的人得到幸福，正由于上帝的恩惠，才使幸福成为人生永远追求的目标。又如，乌托邦人对生死的看法也深受宗教观念的影响。他们对患病者表示同情，而对死者却并不惋惜。他们认为，人死后可以上天堂，享受永福，这是件好事。只有生前做过坏事，死后将受惩罚的人，才会在死亡面前忐忑不安、心怀恐惧。这样的人死去后，人们祈求上帝宽恕其罪恶，然后不事张扬地将其掩埋。与此相反，对于满心愉快、乐观而死的人，人们不为其哀悼，而是怀着崇敬的心情，在歌声中将其火化，然后树碑立传铭记其优良的品行。乌托邦人用这种办法表达对死者的敬意，鼓励生者多行善事。

乌托邦人行善的方式有很多种，比如，从事照料病人、建桥修路、除草伐木、驾车运输等繁重劳累的工作。他们以苦为乐，以苦为荣，认为只有这样才能死后得福。这些人又分为两类：一类是单身独守，不近女色，不食荤腥，杜绝一切享乐的人。另一类人与此相反，他们不拒绝婚姻，不轻视家庭，不排斥肉食，不回避无碍于劳动的享乐。在乌托邦人看来，这两类人的行为方式不同，但都是从宗教信念出发的，因此都是可允许的，只不过相比较而言，前者更圣洁，后者更明智。

教士是全心全意为宗教事务献身的人。《乌托邦》中对教士的描述可谓细致入微，他们品德高尚，以社会教化为己任，致力于维护和平和国家的长治久安，是乌托邦最受尊敬的人。乌托邦人意识到，在任何地方这样的人总是凤毛麟角，如果让他们人数过多，滥竽充数，只能贬低他们的崇高地位。因此，乌托邦的教士很少，每座城市不超过十三人，分属于城市的十三座教堂。教士的首领是主教，只有一人。教士同官员一样，是由民众通过秘密投票选出来的。选举的标准重在德行，担任教士的人必须品德高尚，这也是教士受到人们极大尊重的主要原因。教士也可能会犯罪（尽管此类事情极少发生），但可以不送法庭，而由教士在上帝面前根据自己的良心对自己作出判决，这是教士因为受人尊重而享有的特殊待遇。妇女也可以当教士，在这一点上，妇女有了与男子相同的权利。不过，这里仍有某种差异存在：女教士只限于年长的寡妇，而男教士的妻子则必须是女性中最优秀的人。

教士之所以必须由德高望重的人担任，是因为他们所从事的工作是神圣而光荣的，关系到社会的道德教化。在宗教事务方面，教士主持礼拜和宗教仪式，各种宗教活动都以神圣、自然、和谐为特色。比如，将赞美自然作为礼拜的一种形式；禁止用宰杀牲畜等血腥的方式祭拜神灵；排斥任何带有迷信色彩的占卜术等。鉴于乌托邦实行信仰自由，不同宗教表现信仰的方式也不同，所以乌托邦人将教堂布置和宗教仪式设计成能为各派宗教所接受。比如，教堂中不设立神像，教徒们可以按照各自的信仰体会神的形象；如果任何教派有其特殊的仪式，教徒们可以在家中自己举行。

教士还负有监察社会风气之责，对任何有不良行为的人都可以进行劝说、告诫和申斥，直至禁止其参加宗教活动。一个人受到如此责罚，是一件极其可耻的事，他会在一种宗教恐惧感的驱使下向教士表示即刻悔改。如果他连这一点都做不到，他就会以不虔敬罪被逮捕法办。教士并无执法权，对不良行为的制止和惩罚是由总督和官员负责实施的。

教士还承担对儿童和青年的教育工作。一方面要帮助他们读书求知，另一方面要对他们进行道德品质教育。而后者显得更为重要，因为它与国家的命运密切相关：在儿童的思想逐步成熟的过程中向他们灌输爱护国家的意识，可以使他们牢固树立正确的国家观念，维护他们的国家世代相传永不衰败。

在战争期间，乌托邦教士还成为促进和平、维护正义的精神力量。在战场上，教士们并不冲锋陷阵，而是在一旁为和平、为胜利、为减少流血而祈祷。当乌托邦军队将敌军打败，教士们会冲上前去阻止自己的军队追杀残敌。敌军士兵只要向教士求救，就可以保全自己的性命和财产。教士的这种行为也适用于相反的情况：当乌托邦军队在敌军的进攻下溃退时，如果教士们出现，就可以阻止敌军的追杀，使双方脱离接触，缔结公正的合约。乌托邦的教士以其和平捍卫者的崇高形象，得到了交战各方的尊重。在剑戟交错、血肉横飞的战场上，乌托邦的教士是神圣不可侵犯的。

以上所述描绘了一幅自由、平等、神圣、仁慈、博爱、和平的宗教生活图景，这就是莫尔理想中的宗教，它与现实生活中的基督教有天壤之别。当我们看到莫尔从基督教人文主义者的立场出发，对当时天主教会的腐败行径提出尖锐批评的时候，当他为捍卫天主教会的统一而与宗教改革派激烈论战的时候，我们不应当忘记他心中那个美好而神圣的宗教理想。

八、《乌托邦》的影响

《乌托邦》是为空想社会主义理论奠定基础的杰作，对后来空想社会主义理论的发展有深远的影响。

在人类社会发展的历史长河中，社会主义是在资本主义的基础上产生出来的一种社会形态，它的出现是人类社会发展进步的表现。虽然社会主义的付诸实践是在资本主义得到完全确立后才真正成为历史的主题，但在资本主义生产方式尚在萌芽状态时，对社会主义的最初设想就已经出现了。正因为它是在资本主义尚未全面发展的情况下出现的，社会现实还不能为它提供充分的观察材料，资本主义特有的社会矛盾还处于潜在或不明显的状态，所以，这时的社会主义理论家还无法阐明这个新型社会的全部特征和细节，更谈不上发现它一定会实现的历史必然性和条件。他们仅仅凭借着对社会现象见微知著的观察，细致入理的分析，天才的猜测和展望，描绘着未来理想社会的蓝图。尽管他们的理论有许多空想的、不切实际的成分，但这丝毫不能掩盖其中所包含的卓越思想的光辉。他们的许多设想和原则的真理性，已经得到了后来历史发展的证实。

列宁在阐述马克思主义的产生和内容时，指出了它的三个理论来源和三个组成部分，其中科学社会主义的理论来源是法国的空想社会主义。而对于欧洲的所有空想社会主义学说来说，其最早的思想先驱和理论探索者，正是托马斯·莫尔，其最初的理论表现就是他那部闻名遐迩的《乌托邦》。后来的许多空想社会主义者，如意大利的康帕内拉（Tommaso Campanella，1568~1639）、英国的温斯坦莱（Gerrard Winstanley，约 1609~约 1660）、法国的摩莱里（Morelly，1717~1778）等人，都走在莫尔开辟的道路上。《乌托邦》中的许多思想，比如，消灭私有制，一切财产公有，普遍劳动，按需分配，取消货币，计划经济，有组织的合理消费，消灭奢侈生活的浪费现象，消灭城乡差别，消灭体力劳动与脑力劳动的对立，男女平等，民主政治等，都极大地启发了后来空想社会主义者的头脑，也为科学社会主义的形成提供了有益的思想材料。19 世纪法国的著名空想社会主义者埃蒂耶纳·卡贝（Etienne Cabe，1788~1856）对《乌托邦》一书作出了评价，我们可以从中泛泛地了解这部著作对空想社会主义理论的发展起到了怎样积极的推动作用。卡贝认为，《乌托邦》一书的许多细节描写存在着缺陷或已经过时了，但它所阐明的一些基本思想，尤其关于建立共产制度的主张却是正确的。他说："这本书的基本思想却深深地触动了我，以致每当我合起书来，总是不得不认真地思索一下共产制度的问题……"他给《乌托邦》一书以很高的评价，说这本书"是人类第一部描述共产制度如何运用于整个国家而且是一个庞大的国家的著述，它依靠独立的理性思考，对伦理学、哲学和政治学作了重大的发展。在我看来，乌托邦的一些基本原则是人类智慧最伟大的进步，对人类未来的命运也是最伟大的贡献”。的确，当我们细读《乌托邦》一书，无不为作者对劳苦大众的同情、对人类命运的牵挂所感动，无不为他的乐观、真诚、博爱、睿智、敏锐、活跃的思想所叹服。当然，《乌托邦》中还有许多缺陷和不成熟之处，但它对空想社会主义理论的贡献是光彩夺目的，因而也成为西方社会主义学说史上的经典之作。

第 7 章

为信仰和良心而献身

结束了在乌托邦岛国的遨游，让我们重新回到莫尔的现实生活中来吧。当莫尔辞去大法官的职务，无声地抗议国王充当英国教会的首脑；当他拒绝出席新王后的加冕礼，公开质疑国王离婚再娶的合法性时，他也就得罪了国王，从此走上了从国王宠臣到阶下死囚的不归之路。

一、“伊丽莎白·巴顿案件”

莫尔的麻烦首先是从当时名噪一时的“伊丽莎白·巴顿案件”开始的。伊丽莎白·巴顿（Elizabeth Barton）原是肯特郡的一位女仆，据说能治疗癫痫和感知神谕，后来竟被尊为圣女。她经常将她得来的神谕到处宣扬，哗众取宠。她的话也传到了国王的耳朵里，国王曾就此事询问莫尔，莫尔如实相告，说她的话并无特殊之处，只不过是一个普通妇女所能想到的事情。当国王的离婚案成为英国政治生活中的敏感话题，这位圣女竟也不避其嫌，妄加评论，说如果国王娶另一个女人为妻，一个月后将停止执政六个月。当她的预言落空，她连同几个支持她的教会人士被捕，于 1534 年 4 月被处死。在审讯中，巴顿还供出罗切斯特大主教费希尔（Fisher）和莫尔等人也听到过她的预言，于是两人受到知情不举的指控。

费希尔和莫尔确曾听到过巴顿的预言，但两人的处理方法不同。费希尔不明智地让巴顿重复她的预言，而莫尔则深谙这里潜藏的危险。当巴顿的追随者向莫尔说到那个预言时，莫尔断然打断对方的话，并声称毫不知情。莫尔见过巴顿，但避而不谈国王之事，后来还给巴顿写了一封信，警告她不要与任何人，尤其不要与政府高官谈国王的事。莫尔还将此信留了副本，以备不测时证明自己的清白。尽管如此，莫尔的名字还是被列入了被剥夺一切财产的罪犯名单中，提交上议院审定。无奈之下，莫尔给国王写信表示自己的无辜和忠诚。他在信中说，如果他失去了国王对他的好感，那么他就无任何快乐可言；唯一使他欣慰的是，在他们死后还会在天国相见，愉快地在一起，在那里陛下肯定会看到，我是真正为您祈福的人，而且历来如此。

莫尔希望在上议院为自己公开辩护，但国王未准，而是任命了一个四人委员会来质问莫尔。可是当莫尔站在委员们面前时，他们却只字不提巴顿之事，而是问他对国王婚姻一事有何看法。莫尔回答说，他真希望再也听不到这件事，因为他已经多次坦诚地向国王表明了自己的态度，而国王也仁慈地答应绝不再因此事打扰他。委员们见无法使莫尔驯服，又指控他唆使国王写《维护七圣礼》一书，使国王被教皇抓住了把柄，因而犯了叛国罪。莫尔用事实反驳说，他当时只是为那本书做过编排，并不是撰写者，而且他曾当面建议国王不要把教皇的权威抬得太高，因为教皇也不过是同国王一样的君主。然后他毫不客气地对委员们说：“你们这些威胁是证明给孩子看的，而不适用于我。”

莫尔与委员们的谈话不欢而散，他兴致勃勃地回到家中。罗珀见状说道：“看你这样高兴，想必是万事如意。”莫尔回答说：“谢天谢地，情况的确如此。”罗珀又问：“那么，将你的名字从剥夺财产的名单中除去了？”莫尔说：“我发誓，我从来没把那事放在心上。”见罗珀表示不解，莫尔解释道：“说真的，我高兴的是，我与魔鬼大吵了一通，而且我与那些大人们已经闹到如此地步，即使我永远无法再回到他们中间，我也毫不遗憾。”

国王对莫尔的态度十分不满，仍然要把莫尔的名字保留在剥夺财产的罪犯名单中。国王的谋士们纷纷为莫尔说情，认为莫尔确属无辜，如果对他责罚，势必会使其他人寒心，也会影响国王的声誉。于是，国王勉强同意将莫尔的名字从名单中拿掉了。莫尔得知这个消息后平淡地说：“麻烦还没完，只是被推迟了。”

二、被囚伦敦塔

国王的婚变不可避免地会带来王位继承权的变化，而这是事关王国未来的重大事件。1534 年 3 月，议会通过了确定王位继承权的法令，规定新王后安妮·博林的子女拥有王位继承权，凯瑟琳所生之女玛丽的继承权则被剥夺了。这个法令是根据国王婚姻状况的变化对新的王位继承权的认可，本来只是王室和朝廷决定的事，可是，当时的大法官托马斯·奥德利（Thomas Audeley）和把持议会的国王重臣托马斯·克伦威尔（Thomas Cromwell）为了讨好国王，却节外生枝地要求王国的全体成年臣民都必须宣誓遵从这项法令，如有违抗者，以叛国罪论处。这样一来，莫尔想以沉默来反对国王婚姻的做法就行不通了，他必须作出抉择：要么为了自身安全违心地向新法令宣誓，要么冒叛国罪的危险拒绝宣誓。莫尔选择了后者。

1534年4月12日，周日，莫尔去圣·保罗教堂听布道，然后去看望他的养女婿约翰·克莱门特（John Clement），这时一位传令官找到了他，通知他去坎特伯雷主教的官邸朗伯斯宫听候讯问。莫尔知道此去凶多吉少，于是匆匆赶回家中，与家人告别。第二天清晨，莫尔在罗珀和几个仆人的陪同下离开家，登船赴朗伯斯宫。这次他没有像往常出行那样，由妻子儿女送至船边，愉快地与他们吻别，而是面色凝重地无言而去，随手将门关上，不让亲人们送行。朗伯斯宫对莫尔来说并不陌生，他早年在莫顿家当侍从时就住在那里，后来也常去那里处理政务，不过这次前往已经物是人非。莫尔被带到大法官奥德利和坎特伯雷大主教克兰麦等官员面前，在莫尔的要求下，官员们向他出示了盖有国玺的誓词和继承法文本。莫尔仔细看了两个文件，并作了比较。然后他表示愿意对王位继承者宣誓，但拒绝向这项法令宣誓。莫尔的做法令后人不得其解：既然同意向王位继承者宣誓，为什么不能对王位继承权的法令宣誓？实际上莫尔在这里作了一个严格的原则区分，那就是，王位继承者是国家权力的体现，对王位继承者宣誓，表明了臣民对国家和君主的忠诚；而王位继承法违背了教皇关于国王婚姻的圣谕，是一项无效法令。根据莫尔的一向观点，他不可能宣誓接受一项藐视教皇权威的法令。

奥德利说莫尔是第一个拒绝宣誓的人，并警告他这样做会引起国王的猜疑和愤怒。然后，官员们让他看了已经宣誓的议员名单，告诉他所有的议员都已经宣誓了，但莫尔不为所动。官员们要他到院子里看一看那些宣誓的教士的表现，莫尔没有到院子里去，但他从屋里看到了教士们兴高采烈的样子。当官员们将莫尔召回，再次要他宣誓时，他仍然拒绝了。对于已经宣誓的人，莫尔说："我绝不会要任何人撤回他们的宣誓，绝不会劝任何人拒绝宣誓，也绝不会使任何人现在或将来对宣誓心生顾虑，我只让人们诉诸自己的良心。而我真诚地认为，这就是每个人都应当让我服从我自己的良心的良好理由。"

由于莫尔拒不宣誓，他被关押在威斯敏斯特修道院，四天后，他被关进了伦敦塔。伦敦塔是一座古城堡，位于泰晤士河的北岸，与伦敦塔桥毗邻，1078 年由英国国王"征服者"威廉一世开始建造，后来的国王又多有扩建。几百年来，它曾经被用作国王的宫殿、军械库、铸币厂、国库、养兽场等，而最使它负有盛名的是它还被当作关押王公贵族的监狱。自从莫尔被关进伦敦塔，直至他被处死，就再也没有出来。他在伦敦塔度过了一生中最后的时光。

这时莫尔已经意识到他在宗教改革问题上的失败：英国的教士们已经彻底向国王妥协了，全体臣民都已经宣誓服从新的王位继承法，甚至他的家人也都毫无例外地进行了宣誓，没有一个人站在他一边。但尽管如此，莫尔不打算随波逐流，他仍然坚持自己的主张，而现在唯一能支持他的就是他的信仰和良心。在伦敦塔监狱的斗室里，信仰和良心成为他日夜思考的主题。

莫尔被关进伦敦塔后，长女玛格丽特向当局写信要求经常探望自己的父亲，得到了国王的恩准。在玛格丽特探监时，曾与莫尔进行过一次十分坦诚的谈话。玛格丽特问莫尔，他拒绝宣誓是否在仿效费希尔主教的榜样，因为费希尔也是极少数拒绝宣誓的人之一。莫尔答道，虽然他认为费希尔是王国中最博学、最有德行的人，值得他敬佩，但在宣誓的问题上，他并未受费希尔的影响，因为他拒绝宣誓发生在费希尔那样做之前。他强调，他不会将自己的灵魂拴在别人的身上，即使那个人是世界上最优秀的人。

玛格丽特试图说服莫尔进行宣誓。当谈到可以像有些人那样嘴上公开宣誓，心里想的是另一回事，而上帝会明察秋毫，根据他们所想的而不是根据他们所说的来考量他们的行为。莫尔说，在如此重大的问题上，他的良心绝不允许那样做。他讲了一个伦敦人和一个北方人打官司的故事：陪审团的十二位陪审官中有十一位是北方人，他们作出了有利于北方人的判决，而另一位正直的陪审官表示反对。于是，北方陪审官对这位陪审官说："做我们的好伙伴，站到我们这边来吧。"这位陪审官回答说："那以后我们来到上帝面前时，上帝会把你们送进天堂，因为你们是根据你们的良心行事，而将把我送进地狱，因为我违背了我的良心。如果现在我同样对你们说：'为了做好伙伴，你们站到我这边来吧。'你们干吗?"

玛格丽特又转达那些已经宣誓的朋友的想法说，他们希望莫尔不要拒绝宣誓，并不是要莫尔与他们同为一伍，而是要他出于对他们的人品的尊重，把宣誓当成任何人都可以做的事情；如果他们的良心不是他们宣誓的障碍，他也完全可以同他们一样，不必把良心当成障碍；而且宣誓是议会的法律所要求的，莫尔可以改变一下自己的良心，与他们的良心一致起来。莫尔回答说："至于国家的法律，虽然出生和居住在这个国家的每一个人在任何情况下都必须遵守，违者就要受罚，在很多情况下还会惹怒上帝；然而，任何人都不必发誓说每一项法律都制定得很完善，也不必因为执行实际不合法的法律而惹怒上帝。"

当玛格丽特说很多人都宣誓了，拒绝宣誓的人极少，莫尔则坚决地回答说，尽管在这个国家拒绝宣誓的人不多，但他毫不怀疑，在整个基督世界博学而有德行的人中，与他有同样想法的人绝不在少数。莫尔对自己的行为充满信心，他把自己的命运寄托在上帝的仁慈上。他说，即使上帝真的要将他毁灭，他也要赞美上帝的公正，但他相信上帝的怜悯会使他平安无事。他劝玛格丽特，不要为可能发生在他身上的任何事情烦恼，因为凡是发生的事情，都是上帝要它发生的；因此他可以肯定，不论发生的事情看上去会多么糟糕，它一定是最好的。他答应为全体家人祈祷，盼望与他们在天国相聚，没有悲伤，永享快乐。

莫尔的妻子艾丽斯也到狱中看望丈夫，她一如既往地粗言快语："莫尔先生，我很惊奇，我一直把你当作一个十分聪明的人，而现在你却扮演了蠢人的角色，躺在这个狭窄、污秽的监狱里，满足于同老鼠关在一起；只要你能像这个王国中的所有主教和最博学的人那样行事，现在你也许已经带着国王及其政务会的良好愿望自由自在地周游海外了。你在切尔西有很漂亮的住宅，有你的图书馆、藏书、长廊、花园、果树，以及其他一切对你必不可少的可爱的东西，在那里，你可以在你的妻子、孩子和仆人的陪伴下快乐地生活。有鉴于此，我奇怪的是，为什么你要以上帝的名义在这里如此天真地等待呢？”在静静地听完艾丽斯的话之后，莫尔用他惯有的幽默表达了愿为信仰而牺牲一切的意念。他表情愉快地对艾丽斯说：“好夫人，求你告诉我一件事。这幢房子不是与我自己的房子一样接近天堂吗？”艾丽斯不满意莫尔的说法，抱怨说：“胡扯，胡扯，难道你就不能不再这样胡说？”莫尔说：“难道这不是真的吗？如果像我说的那样，这幢房子与我自己的房子一样接近天堂，那么，我为什么在这里就不像在自己的房子里一样快乐呢？假如我被埋在地下七年，然后我钻出来，又走到我的漂亮房子那里，我一定会发现屋子里有人，他会命令我滚出去，并且告诉我，那房子不是我的。那么，对于一幢很快就将其主人忘记的房子，我有什么理由喜欢它呢？”

三、《关于苦难中之安慰的对话》

在伦敦塔中，莫尔没有停止写作。除了几本小册子以及大量书信、祷告词外，他的最主要著作是《关于苦难中之安慰的对话》（*A Dialogue of Comfort Against Tribulation*），出版于莫尔死后的1553年。书的名字直译出来有点费解，什么叫苦难中之安慰？实际上它的意思是指在苦难中如何求得内心的安逸和坦然，有点类似于中国人所说的“苦中求乐”。只不过在莫尔看来，这个苦还包括死亡在内，这个乐主要指精神上的坚强，因为“安慰”这个词的辞源拉丁文 fortis 的意思就是坚强和勇敢。对于身陷囹圄的莫尔来说，这本书显然是对他自身境遇的表白，他要说明一个真正的基督徒在面临苦难时所应具有的心态。在他看来，这个心态就是恪守自己的宗教信仰和良心，即使面对死亡也无所畏惧。

全书共分三卷六十五章。它所讲的故事发生在 1529 年土耳其奥斯曼帝国皇帝苏里曼一世入侵和占领匈牙利期间。土耳其人烧杀抢掠，无恶不作，使匈牙利的基督徒无时不生活在痛苦和死亡之中。在这种情况下，真正的基督徒应当采取怎样的生活态度，一位饱经世故的老人安东尼（Antony）与他的年轻侄子文森特（Vincent）就此进行了一番对话。文森特面对土耳其人的残暴感到痛苦和恐惧，安东尼则运用《圣经》的故事和丰富的宗教与历史知识，从各个方面对文森特进行说服和开导。莫尔将土耳其人对基督徒的残暴统治作为对话的背景，显然是在影射亨利八世像异教徒一样对罗马天主教会的背叛和专断，但同时也是为了避免背上对国王不忠的罪名。由于没有书写工具，他写书的笔是临时用石炭制成的。

按照常理，任何人都不会说受苦受难是一件好事，而在这本书中，莫尔从他的宗教观出发，用大量篇幅阐述了对苦难本身的独特看法。他认为，对于真正的基督徒来说，经受苦难并不是一件坏事，因为苦难是上帝恩赐的礼物，是医治心灵疾病的良药，是人们真诚追求的目标。在苦难中，人们可以清除过去的罪过，避免将要发生的罪过；可以使人们蔑视尘世的浮华，使心灵更接近上帝。现世的苦难可以将人们在炼狱中的痛苦降至最小，将人们在天堂中的报偿增至最大。《圣经》中充满了对苦难的赞扬，耶稣就是在苦难中走向天国的，他的信徒们则跟随他在苦难中前行。耶稣向所有人提倡苦难，宣称不经受苦难者就不是他的信徒，就不能进入天堂。人们只要认真思考这些道理，并铭记于心，就不会对经受的苦难心生怨恨，而会耐心地忍受痛苦，增长自己的善意，思考自己的价值，感谢上帝为了人类的幸福而送来了苦难，并想到正是这种苦难才使人更接近于上帝，从而使人的痛苦被接近上帝而带来的快乐所抵消。于是，人们就不会在肉欲、尘世中寻找安慰，而是无限信赖上帝，一心寻求上帝的帮助，为自己，为亲朋，永远向上帝祈祷。而要做到这一切，关键是要对上帝、对上帝的启示有虔诚的信仰，这种信仰是在苦难中获得真正“安慰”的首要一步。莫尔借安东尼的口指出，根据这种看法，当一个基督徒对上帝抱有虔诚的信仰，就不会惧怕土耳其人的迫害和杀戮，就会心甘情愿地经受痛苦，永远保持高尚的道德情操。因为他们知道，不论土耳其人强加的苦难如何深重，与背叛基督而在地狱遭受的痛苦相比都是微不足道的，不论世间的荣华富贵如何显赫，都不能与天堂之乐相提并论。安东尼还向文森特讲述耶稣受难的故事，讲述历史上的殉道者为了信仰而勇敢献身的种种事例，使文森特为自己的软弱和胆怯而羞耻，增长了承受痛苦的信心和勇气。

除了阐明在苦难中得到安慰的道理，莫尔还强调了保持乐观心态的重要性，这就要求人们对未来抱以美好的希望。这种希望贯穿在人的日常生活中，使人生充满愉快和欢乐，同时也成为减轻痛苦的调味剂。而对于真正的基督徒来说，最终的希望是对死后幸福生活的希望，要实现这一希望只能依靠对神恩的坚定信念：在善恶两种力量的斗争中，只有上帝能使善成为人生的主导。

莫尔还用大量篇幅谈到了对遭受监禁和面临死亡的看法。他认为，虽然没有什么困境能比作为一个等候处死的囚徒更严重的了，但是从更广泛的角度看，芸芸众生的尘世不就是一个大监狱吗？所谓的尘世自由完全是虚幻的，不论是王公贵族还是平民百姓，都是这个监狱中将死的囚犯，谁也无法逃脱被囚禁和死亡的命运。莫尔的这个思想早就形成了，比如，他在1522年写的《最后四件事》（*Four last things*）一书中就已经提到，当时他正履任副财政大臣一职，仕途一片辉煌，可是他在书中却反复讨论基督徒应当如何把死亡看成是激发一切精神力量的手段和真正宗教生活的源泉。他在《墓志铭》中也写道："他不会惧怕死亡的临近，而是为了基督，心甘情愿地承受死亡；对他来说，那死亡全然不是死亡，而是进入永生的入口。"可见，在莫尔的心中，尘世生活不过是基督徒实现其宗教信仰和履行道德责任的手段，是走向来世神圣生活的过渡。在《关于苦难中之安慰的对话》中，他的这个思想又有了新的发展，成为他论证苦难的不可避免以及在苦难中寻求安慰的理论依据。在他看来，正因为任何人都无法逃脱被囚禁的命运，才需要人们思考和践行与上帝的接近中获得安慰的道路。他再次强调，人要获得真正的安慰，必须在心中牢固树立对上帝的爱。莫尔特别将耶稣作为人们效法的榜样，因为耶稣就是为了拯救人类而成为囚徒，最后被钉死在十字架上。正是他以其所受的苦难和死亡向人们表明，如何在极端困苦的情况下战胜一切悲伤和恐惧，始终保持完美的道德和虔诚的信仰。莫尔认为，通过对耶稣受难的思考，可以使人的爱心得到升华，使人由软弱变为坚强，使人在艰难困苦中始终不渝地坚守自己的良心。作为全书的结局，文森特在安东尼的说服和开导下，战胜了最初的痛苦、软弱和恐惧，成为信仰坚定、意志坚强、充满博爱心怀的人。

四、莫尔之死

正当莫尔在狱墙内沉思人生境遇的时候，英国的宗教改革也在紧锣密鼓地进行中，而它的每一项进展，都一步步将莫尔推向死亡。在国王重臣克伦威尔的极力推动下，1534 年 11 月，“改革议会”重启，通过了英国宗教改革中最重要的《至尊法案》(*Acts of Supremacy*)，确定英国国王及其继承者是英国教会(即所谓“圣公会”)的“唯一最高首脑”，拥有对英国教会各项事务的决定权和管辖权。《至尊法案》的发布宣告了英国宗教改革的基本任务已经完成，从此，英国教会成为对罗马天主教会没有任何隶属关系的独立教会，英国教会的一切利益和荣誉尽收在英国国王的手中。随后，议会又通过了《叛国罪法》(*Treason Act*)，这项法令是克伦威尔对 1532 年的同样法令进行重大修改后颁布的，修改后的法令比原来的法令更加严厉。它规定：1535 年 2 月 1 日以后，不论任何人，凡是以言语、文字、形象、行为等一切形式，对国王及其继承人表示不满，否认其尊严、称号，诬称其是异端、暴君、不信教者等，都属于犯叛国罪，应当处以死刑；即使没有此类行动，但只要有这样“恶毒的”希望、打算和愿望等，也以同样罪名论处。同月，议会还通过了对此前的“王位继承权法”进行宣誓的法令，与数月前在朗伯斯宫要求莫尔进行宣誓时相比，这次的法令也更加苛刻。它明确规定，凡是不宣誓者都以叛国罪论处，在实际宣誓时，还要求宣誓者明确拒绝一切外国权威，以前对外国权威的宣誓一律作废。此外，针对莫尔和费希尔等少数人拒绝对“王位继承权法”宣誓，议会还专门通过了剥夺他们的全部财产的法令。这些法令的出台，显示出国王要粉碎一切反抗，从上至下强制推行宗教改革的决心。尽管莫尔极力避免与国王直接对抗，这时他的回旋余地已经很小了。

议会休会数月后，对莫尔的审讯开始了。1535 年 4 月 30 日，以克伦威尔为首的审判团提审莫尔。克伦威尔对莫尔说，国王想知道他对国王担任教会首脑有何想法，莫尔避实就虚地回答说，他相信国王不会要求他回答任何这样的问题，因为国王完全清楚他的想法。他进而表白说，他现在已经不再想这些事情了，而且对国王和教皇的称号都不怀疑；他现在是、将来也是国王的忠实臣民，除了天天为国王、为他的一切、为他的政务会祈祷外，他什么事也不想参与，他现在所思考的就是耶稣基督的受难，以及自己离开这个世界的道路。克伦威尔直截了当地指出莫尔的态度已经成为其他人拒绝接受《至尊法案》的榜样。这里，克伦威尔确实说了实情和问题的要害，因为尽管议会施以高压，仍有一些僧侣以死抗争，拒不承认国王是教会的最高首脑，其中与莫尔联系密切的加尔都西修士最为坚决。莫尔辩解说，他没有做伤害任何人的事，没有说伤害任何人的话，没有想伤害任何人，他只希望人人都好。如果这样做还不足以保证一个人的生命，他也不想再活下去了。莫尔的话言真意切，甚至使克伦威尔动情。但事情很明显，即使国王出于对旧臣的怜悯愿意给莫尔留一条生路，但当莫尔的行为已经成为僧侣们反抗国王至上权力的象征，国王就必须消灭这个象征以瓦解那些反抗：莫尔的死已经不可避免了。

几天后，5 月 4 日，玛格丽特获准去狱中看望父亲。也许是官方的特意安排，他们目睹了一队拒绝接受《至尊法案》的加尔都西修士被押往刑场。莫尔不但没有被这个景象吓倒，反而从中增长了勇气。他感慨道："为了向上帝赎罪，这些修士们一生都在极端痛苦、贫困和坚忍的修行中度过。可是，上帝不愿意他们继续留在这个悲惨、不义的世界中受苦，于是把他们召去享受永恒的神恩，他们因此而有福了。"他对女儿说："他们去赴死，不就像新郎去参加婚礼一样愉快吗？"他把自己看成是愿意陪伴他们共同赴死的人。随后，审判团又多次审讯莫尔，莫尔都不改初衷，回答如故。

国王的惩罚很快就来到了，不过它首先落在了同样不承认《至尊法案》，因而也为僧侣们所效仿的费希尔主教头上。原来，教皇保罗三世为了救费希尔的性命，于 5 月 20 日任命费希尔为红衣大主教，没想到这一任命却加速了费希尔的灭亡。亨利八世对教皇的干预怒不可遏，他说，如果费希尔要戴红衣主教的帽子，那就戴在他的肩上好了，因为那个肩上已经没有脑袋去戴那顶帽子了。6 月 17 日，经过一番审讯，费希尔被判有叛国罪，五天后在伦敦塔山被斩首处死。

费希尔死了，该轮到莫尔了。7 月 1 日，莫尔被带到威斯敏斯特宫接受最后的审判。起诉书包括对莫尔的四项指控，均认定他犯有叛国罪。莫尔知道决定命运的时刻来到了，他必须为自己辩白。虽然牢狱之苦已经使他的身心极度疲惫，但他仍打起精神对起诉书中的指控逐一进行了反驳。

第一项指控说莫尔反对国王再婚。莫尔回答说，他已经凭良心将他的观点明白地告诉了国王，做了一个忠实的臣民所应做的事，他这样做无论如何算不上叛国罪，而且他已经为这一“错误”受到了没收财产、监禁十五个月的惩罚。

第二项指控说莫尔在此前的审讯中以沉默的方式恶毒地反对国王是教会的最高首脑。莫尔运用他丰富的法律知识辩解说，叛国罪是根据言语和行为来确定的，而不是根据沉默，“你们的法律或任何法律都不能根据我的沉默来惩罚我”。接着，莫尔又对沉默的法律意义做了辨清，他说，根据民法公则，沉默意味着同意，这对他也完全适用。因此，他的沉默与其说是反对国王做教会的最高首脑，不如说是对它的认可。

第三项指控说莫尔通过书信唆使费希尔反对《至尊法案》。莫尔承认在狱中确实与费希尔有书信往来，但声称他在信中只是说些日常话而已，至多表示要得到良心的安宁，从来没有为费希尔的行为出谋划策。由于费希尔已经将莫尔的书信烧掉了，因此这项指控因查无实据而不了了之。

第四项指控说莫尔曾公开表示反对国王做英国教会的最高首脑。显然，这项指控是最致命的，而与前两项指控不同的是，它有证人，这个证人就是副检察长理查德·里奇（Richard Rich）。里奇证明，他曾问莫尔：“假定有一项议会法令，规定全国都把我当国王，那么，莫尔大人，你会把我当国王吗？”莫尔说：“我会的。”里奇又问：“假定有一项议会法令，规定全国都把我当教皇，那么，你会把我当教皇吗？”莫尔没有直接回答这个问题，而是换了个说法反问里奇：“假定议会制定了一项法律，规定上帝不是上帝，那么，里奇大人，你会说上帝不是上帝吗？”里奇回答：“不会的，因为议会不会制定那样的法律。”于是，莫尔说：“因此，议会也不可能使国王成为教会的最高首脑。”这最后一句话是里奇指控莫尔的最关键证据，可是莫尔坚决否认与里奇有过这样的对话。里奇请出当时在场的两位证人，但两人都以当时忙于其他事情没有听清他们的对话来推托。莫尔则严词抨击了里奇的人品，然后对审判官们说：“在真诚老实方面，里奇是我一直瞧不起的人，我怎么可能在如此重大的事情上，如此鲁莽地相信他，以致将我良心中关于国王至上权力的隐秘想法，将《至尊法案》确立以后我从来没有对国王本人或他的任何枢密官，也同样没有对你们说出的那些秘密和唯一观点告诉他呢？不管你们对此是否相信，那就由你们来判断吧！”

虽然莫尔对各项指控的辩驳十分有力，但无法改变审判官们的欲加之罪。经过一刻钟的草草审议，审判团认定莫尔犯有叛国罪。莫尔知道，这是一项死罪，法庭宣判之后，死刑很快就会执行，如果现在他不打破沉默，说出自己真正想说的话，就再也没有机会公开表明自己的真实观点了。于是，正当奥德利大法官要宣读判决书时，莫尔打断了他的话：“大人，当我坐在你现在这个位置上的时候，在宣布判决之前，我总是要问囚犯，是否他能提出任何理由来证明不应给他不利的判决。”

莫尔所说的是法庭审判的通常程序，奥德利自知理亏，于是不情愿地允许莫尔发言。莫尔说道："鉴于我知道你们决定判我有罪，我现在凭我的良心，坦率而无拘束地说出我对你们的起诉以及对你们的法令的看法。由于这个起诉是根据议会的法案作出的，而这个法案直接违背了上帝和神圣教会的法律。任何世俗君主都不能根据任何法律来担任教会或其任何部分的最高主宰，因为这个职责是合法地属于罗马教皇的，他在精神上的卓越地位是由救世主本人亲口赐定的，在世人中只授予了圣彼得和他的继任者，即那些根据获准的特权同样成为教皇的主教们。因此，在基督徒中，对任何一个基督徒进行法律起诉都是不恰当的。"他接着说，英国只不过是天主教会的一个成员，是其中很小的一部分，它不能制定特殊的法律来反对神圣天主教会的普遍法律，正如伦敦市是整个英国的一部分，它不能制定法律来反对英国议会的法律一样。当奥德利指出国内的所有博学之士都已经接受了《至尊法案》，莫尔重复了他的一贯看法，即他不怀疑这个事实，但他坚信在整个基督世界中，与他思想一致的人是大多数，因此，他不能强迫自己的良心与一个国家的政府相一致，而与整个基督教会相违背。

按照当时英国的刑律，对叛国犯将以最残酷的方法处死：首先实行绞刑，趁罪犯未死之际，将其放下，然后开膛破肚，将其五脏六腑扯出，使其在痛苦挣扎中死去，最后将其尸体肢解，将头颅割下高悬示众。国王将莫尔的判决改为在伦敦塔山斩首，这是他对这位昔日宠臣的最后"优待"。

7 月 5 日，莫尔自知死期将至，他将贴身紧穿的那件表示虔诚的粗毛衣脱下，并附上一封信，托人带给玛格丽特。这封信是莫尔留下的最后文字，他在信中为全家人祈福，并祝愿将来与他们在天堂欢聚。7月6日，狱方接到了国王的命令：在九时前将莫尔处死。在卫兵的押送下，莫尔身披一件粗绒长袍，手捧一具红色十字架，胡须蓬乱，面容憔悴，口中吟诵着《圣经》“诗篇”中的诗句，缓步离开伦敦塔，向不远处矗立在伦敦塔山上的断头台走去。

莫尔在生命的最后一刻也不失其风趣和幽默。当他踏上断头台的梯子时，见梯子有些摇晃，就对身旁的一位官员说：“先生，请你扶我上去，下来的时候让我自己来。”刽子手按照惯例请求莫尔原谅，莫尔则还以拥抱。刽子手要用布蒙其眼，莫尔拒绝了，自己动手将眼蒙上。他还对刽子手说：“打起精神来，不要对你所尽的职责畏缩。因为我的颈子很短，请注意别出错，以免丢丑。”当他躺在砧板上，又说：“等我把胡子挪开再动手，至少胡子没有叛国罪。”临刑前，莫尔说得很少，但有一句话被后来的传记作家们永远地记载下来了：他对周围的人说，真诚地为国王祈祷吧，以使上帝乐于给他以忠告，告诉他杀死了“国王的善良仆从，而首先是上帝的仆从”。就这样，空想社会主义理论的伟大创始者托马斯·莫尔与世永别了。

莫尔死后，他的无头尸身被葬于伦敦塔的圣彼得教堂，他的头被高悬在伦敦桥上示众。后来他的女儿玛格丽特买通了看守的卫兵，将他的头取回，葬在坎特伯雷城外圣·邓斯坦教堂（St. Dunstan's Church）罗珀家族的墓穴中。现在，该教堂的一块大理石地面上镌刻着如下文字：“此处地面之下是罗珀家的墓穴，里面埋葬着已故前英格兰大法官圣·托马斯·莫尔爵士的头颅，他于 1535 年 7 月 6 日在伦敦塔山被斩首。”墙上的一幅照片显示了 1978 年 7 月开启墓穴时发现的一具人头骨，放在由铁箅子隔开的墓穴中，据称这就是莫尔的头骨。教堂的一面墙上有描述莫尔生平的大幅彩窗，是莫尔的崇拜者和教会人士敬献的礼物。

1935 年，即莫尔遇难四百年之际，教皇庇护十一世封他为圣徒。

后世对莫尔的评价众说纷纭。他的人文主义情操，他的睿智和才学，他的德行和人品，他对国家和君主的忠诚，对良心的恪守和执着，对宗教的虔敬和信仰，为宗教理想而献身的殉道者命运，以及他在跌宕起伏的人生境遇中所表现出的内心矛盾和坚忍，如此等等，无不成为人们议论不休的话题，既令人赞叹不止，又使人叹息不已。不过，毫无疑问，真正使莫尔站在时代前列的，是他那部充满了对未来理想社会卓越设想的《乌托邦》，莫尔正因为这部伟大著作而名垂史册。

附　录

年　谱

1478 年　2 月 7 日，生于英国伦敦。

1484~1489 年　在伦敦圣·安东尼学校接受早期教育。

1489~1491 年　在英国大法官、坎特伯雷大主教莫顿家当侍从。

1491~1493 年　在牛津大学学习，结识人文主义学者科利特等人。

1493~1495 年　在伦敦新法学院学习。

1496~1501 年　在伦敦林肯法学院学习。

1499 年　与造访英国的荷兰学者伊拉斯谟相识。

1502 年　获得律师从业资格。

1503~1506 年　被委派到弗尼瓦尔法学院任讲师三年多。

1504 年　与简·科尔特结婚。被选为国会议员。因反对亨利七世为谋取私利的征税议案，受到打击报复，几欲出国躲避。

约 1504~1505 年　译著《约翰·皮科的生平》出版，未署出版日期。1510 年再版。

1506 年　与伊拉斯谟合译的琉善的《对话集》在巴黎出版。

1508 年　访问巴黎大学和卢汶大学。

1509 年　4 月，亨利七世死，亨利八世继位。莫尔写拉丁文长诗祝贺新国王的加冕。

1510 年　被选入议会，9 月 3 日，被任命为伦敦市副行政司法官。

1511 年　妻简·科尔特病逝，一个月内与寡妇艾丽斯·米德尔顿结婚，后者带来一女小艾丽斯。

1513 年　写《理查三世史》，未完成，有英文与拉丁文两个版本。

1515 年　出使佛兰德处理商务。在安特卫普写《乌托邦》。

1516 年　12 月，《乌托邦》在卢汶出版。

1517 年　5 月 1 日，发生“邪恶的五月一日”事件。10 月，入宫为官，成为国王政务会成员。10 月 31 日，路德在维登堡大教堂的门上贴出了《九十五条论纲》，点燃了欧洲宗教改革运动的导火线。

1518 年　7 月 23 日，辞去伦敦市副行政司法官一职。《拉丁文讽刺短诗》由巴塞尔的弗罗本出版社出版。

1521 年　5 月，被封为爵士，并被任命为副财政大臣。

1522 年　写《最后四件事》一书。

1523 年　4 月，被选为议会议长。同年春，接替国王与路德争论，写《答路德》一文，署名威廉·罗斯。

1524 年　被任命为牛津大学高级管事。

1525 年　被任命为剑桥大学高级管事。任兰开斯特公国大法官。

1527 年　陪同沃尔西出访法国；亨利八世向莫尔询问离婚之事。

1528 年　伦敦主教滕斯托尔要求莫尔读路德和廷代尔等人的书以反驳之。

1529 年　写《灵魂的祈求》一书，以反驳西门·菲什的《为乞丐祈求》。莫尔参加康布雷和约谈判。10 月，接替沃尔西任英国大法官，去议长职。11 月，“改革议会”召开。《关于异端邪说的对话》出版，1531 年修订。

1531 年　亨利八世宣布为英国教会首脑。廷代尔发表《对莫尔的〈对话〉的答复》。莫尔开始写《驳廷代尔的答复》。

1532 年　5 月 15 日，经过一番较量后，英国教士向国王屈服。翌日，莫尔辞去英国大法官一职。

1532~1533 年　《驳廷代尔的答复》分两部分发表。

1533 年　亨利八世与安妮·博林结婚，莫尔拒绝出席博林的加冕礼。写《辩解》一书。

1534 年　2 月，莫尔因“伊丽莎白·巴顿案件”被列入议会审定的剥夺财产权的名单中；经多次审讯，因证据不足被免于惩罚。4 月 13 日，因向“王位继承权法”宣誓事，被召至朗伯斯宫接受讯问。因拒绝向该法令宣誓，四天后被关进伦敦塔。

1534 年　在伦敦塔中写《论耶稣受难》和《关于苦难中之安慰的对话》。

1535 年　7 月 6 日，经多次审讯后，莫尔被以叛国罪在伦敦塔山斩首处死。

1935 年　5 月，教皇庇护十一世封莫尔为圣徒。

主要著作

《托马斯·莫尔全集》(*The Complete Works of St. Thomas More*)，15 卷，耶鲁大学出版社，1963~1996 年。

参考书目

1. 莫尔著，戴镏龄译：《乌托邦》，商务印书馆，2009 年。

2. 考茨基著，关其侗译：《莫尔及其乌托邦》，三联书店，1963 年。

3. И. Н. 奥西诺夫斯基著，杨家荣、李兴汉译：《托马斯·莫尔传》，商务印书馆，1984 年。

4. 安东尼·肯尼著，倪慧良、巫苑之译：《托马斯·莫尔》，中国社会科学出版社，1992 年。

5. 周晓亮：“莫尔”，载于《西方著名哲学家评传》第三卷，山东人民出版社，1984 年。

6. Chambers, R. W. *Thomas More*. The University of Michigan Pres, 1958.

7. Murphy, A. *Thomas More*. Published by Triumph, Liguori, Missouri, 1996.

8. Roper, W. *The Life of Sir Tomas More*. London J. M. Dent. &. Co.

9. Stewart, A. M. *The Life and Letters of Blessed Thomas More*. London Burns & Oates, Lim, 1887.